聖母文庫

「南無アッバ」に生きる

井上洋治神父の言葉に出会うⅣ

平田栄一

聖母の騎士社

南無アッバの祈り

アッバ　アッバ　南無アッバ
　イエスさまにつきそわれ
　　生きとし生けるものと手をつなぎ
おみ風さまにつつまれて
アッバ　アッバ　南無アッバ

風の家の祈り（一）

アッバ
迷ってしまった一匹の子羊をどこまでも探し求める羊飼いのように、暖かな春の日も、凍りつくような冬の日も、今日までの私の人生を、いつも暖かく見守ってきてくださったお恵みを心から感謝いたします。私があなたのことを、疑ったときも、また忘れていたときでさえ、たしかに、あなたは私をお忘れにはなりませんでした。

この日本の土地にそのあなたの悲愛の芽が育ち、一人でも多くの人が、御子イエスによる真のよろこびと自由と平安とを見出すことができますように。

主キリストによって　アーメン

風の家の祈り（二）

アッバ

利己主義に汚れている私たちの心を、あなたの悲愛の息吹きで洗い浄めて下さい。

空を行く雲、小川のせせらぎ、一輪の野の花が捧げる祈りに合わせて、私たちの祈りをあなたの御前《みまえ》で澄んだものとして下さい。

人々の弱さ、欠点、罪を裁くことなく、まずこれらを受け入れられた御子イエスの悲愛の心に、私たちの心を近づけて下さい。また、御子イエスが、深い哀しみと痛みを背負って、重い人生を歩んでいた人たちの心を映しとり、受け入れ、友として生きられたように、私たちにもそのような人々の心を映しとれる友の心をお与え下さい。

苦しみも、哀しみも、喜びも、すべてをあなたの御手から受けとることによって、私たちの日々の生活が、あなたの悲愛の息吹きの働きの場となることができますように。

主キリストによって　アーメン

目次

すべての求道者とともに

一　「南無アッバ」の由来

○「南無アッバ」の誕生

「アッバ」とは、イエスが話していたアラム語で、幼児が乳離れをする頃に最初に覚える、父親を呼ぶときの言葉です。現代の日本に置き換えれば「パパ」に当たる幼児語です。ですから成人した男女は正式にはこのように父親を呼ばないのですが、イエスは神に祈るとき、親しみをこめていつも「アッバ！」と語りかけていたのでした。

〈散歩のとき、白い雲の浮かぶ青空を眺めながら、すがすがしいまでに透明なけやきの葉ずれのささやきをきいていると、なにか心が、見える世界の彼方へと、すーっとはこび去られていくようなやすらぎとこころよさとをおぼえます。先日、その葉ずれのささやきにすっぽりと自分をとけこませていたら、ふっと自然に次のような言葉が口をついてでてきました。

アッバ　アッバ　南無アッバ
　イエスさまにつきそわれ
　　生きとし生けるものと手をつなぎ
　おみ風さまにつつまれて
アッバ　アッバ　南無アッバ

　このところずっと法然の魅力にひかれ、その生涯を貫いている精神に感動していたので、おのずからに南無という言葉が口をついてでたのでしょう。〉（『南無アッバ』あとがき、井上洋治著作選集（以下「選集」）別巻、日本キリスト教団出版局、二三五〜二三六頁）

これが、井上神父自身が語る「南無アッバ」の誕生話です。

神父は、これまで日本語として定着してきたキリスト教の「愛（アガペー）」をあえて「悲愛」と訳し、キリスト者の姿勢を「南無アッバ」という一語に集約する神学を打ち立てました。これらの造語は、すでに仏教用語として日本に定着している「慈悲」や「南無阿弥陀仏」などを想起させます。そのために短絡的な人々の間では、井上神父は仏教とキリスト教を混交しようとしているのではないか、と誤解されることさえあります。そうした危険をおかしてまで、なぜあえてこのような造語を用いるのでしょうか。

「悲愛」という言葉の成立については、他書でも触れましたが（『心の琴線に触れるイエス』聖母文庫、五五頁他）、仏教の「慈悲」から「悲愛」への発想経過を見ると、どちらかといえば神学的、学問的考察の結果として行き着いた造語と言えるでしょう。

一方、「南無アッバ」の方は、かなり事情が異なります。

右の引用文では、「南無」が法然研究による思い入れをきっかけとして、「おのずからに」湧き出た言葉であることが告白されています。そして、「ふっと自然に」「南無アッバ」という祈り（詩）が「口をついてでた」といいます。それは、リジューのテレジア、あるいはJ・エレミアスとの邂逅以来数十年、神父が心に温めつづけてきたイエスの神観を示すキーワード「アッバ」と、日本文化の中で馴染んできた「南無」とが神父のなかで自然につながった——思わず結び合った瞬間なのだと思います。

つまり「南無アッバ」は、理性による学問的考察の結果ではなく、井上神父の自然な心情から直感的、体験的にほとばしり出た祈りであるということです。

こうして導かれた「南無アッバ」の祈りを実践したときの効用を、神父は次のように語っています。

〈僕はキリスト教徒ですが、「南無阿弥陀仏」という言葉には強く惹かれますね。空っぽになれるんだと思うんです。……

僕は、いつも「南無アッバ」って称えているんです。仏教の「南無」とキリスト教の「パパ」を合わせて、「南無パパ、南無パパ」と日々やってるわけです。

そうするとやっぱりなんかすごく嫌なことがあっても落ち着いてくるんですよ。そんなことをやっているのは、キリスト教で私一人かもしれないですけれどね。でも声に出してやってるとね、自分のなかにたしかな変化が起こるんだね。〉(井上洋治・寺内大吉対談、「南無」と称える─広大なるものを身中に、『The法然』第七号、二〇〇一年、二〇～二一頁)

先の「あとがき」が「一九九九年　初冬」に書かれたものなので、これは井上神父が「南無アッバ」の祈りを実践したときの初期の「南無アッバ」体験を語ったものと考えられます。

ここには「南無……」によって、どうして「空っぽになれる」のかは述べられていません。しかしともかく結果として「落ち着いてくる」し、「たしかな変化が起こる」というのです。これは、「南無アッバ」の祈りが現実的な効用を伴うという意味を含んでいます。

井上神父はじめ一般的にキリスト教は、いわゆる現世利益ということには消極的ですが、祈りによる精神的な満足を否定するものではありません。晩年の神父もミサのなかで、「南無アッバ」の祈りのこうした直接的な効用を説いていました。そうした点でも、やはりこの祈りが、日本人である井上神父の自然な心情に合致しているものであることが伺われます。

〈この祈りが、何かいまの私の心情のすべてを表現しているように思われる……。〉（前掲書、二三七頁）

以後、二〇一四年三月に帰天するまでの十五年間は、ひたすら「南無アッバ」へと集約されていく生涯だったのだと思います。

晩年の神父がよく、〝私は、いろいろ本なども書かせてもらったけれど、今はこの祈りだけで十分です〟と言っていたことが思い出されます。

○四半世紀前の「南無アバ」

私が主宰する求道俳句誌「余白の風」会員のSさんから、古い本をめくっていて「南無アッバ」のような言葉を見かけた、として連絡があったのは、東日本大震災前の一月頃だったと思います。

私はびっくりしてすぐに、教えてもらった書名をたよりに、あちこちのインターネット書店を検索しました。幸運なことにそう時間をかけずにある古書店で、当の上智大学宗教教育研究所編『キリスト教を生きる祈り』（エンデルレ書店、一九七四年）という赤表紙の本を入手することができました。

この本は、第二十回上智大学夏期神学講習会講話集として、一九七三年の夏に、「祈り」をテーマに行われた十五名の方々の講演録をおさめています。当時の長江恵浦和司教をはじめ、カルメル会の奥村一郎神父、ドミニコ会の押田成人神父、浜尾文郎東京教区補佐司教など、私が井上神父と話したり飲んだりしていた頃に、よく話題に上った人達の名前が見受けられます。

そのなかの一人に、イエズス会司祭・上智大学神学部教授のＰ・ネメシェギ神父の名前がありました。

神父は「祈りの神学」と題して、

〈人間は、正しく生きようとするなら、祈らなければなりません。祈りを忘れた人間は、さえずることを忘れた小鳥と同じです。……したがって、真の祈りが何であるかということを神学的にみきわめ、その真の祈りの境地に達するよう、常に努力することは、何にもまして大切なことでしょう。〉（一一七頁）

と述べ、「イエスの祈り」から始まって、「キリスト者の祈りの本質」を探り、「祈りの共同体性」「個人的な祈り」「自由な形でともに祈る」「絶え間ない祈り」等々、三十頁程に講話をまとめています。

まず注目すべきは、「イエスの祈り」としてネメシェギ神父が最初に引用しているのが、「ゲッセマネの祈り」であるということです。

〈アッバ、父よ、あなたは何でもおできになります。この杯を私から取りのけてください。しかし、私の望みではなく、御心のままに。〉（『マルコによる福音書』一四章三六節）

井上神父が天に召される直前、この祈りを繰り返していたことが思い出されま

す。そして、

〈イエスは一人で祈られましたが、実際には決して孤独ではありませんでした。〉(前掲書、一一八頁)

〈イエスの祈りは、彼が「アバ」(父、お父様)と呼んだ神との絶え間ない対話です。〉(一一九頁、傍点原文)

と解説しています。

その後、何度もイエスの「アバ」に触れて話を進めています。そして最後の項目「避けるべき危険」として、祈りについて五つの「警戒すべき」事柄をあげます。それをまとめると次のようになります。

①祈りを自分の欲望の手段として乱用しないこと。
②(行動すべきときに)祈りを行動のかわりにしないこと。
③イエスも教えたように、祈りは多言を要さないこと。
④祈りの型の多様性を認めること。
⑤祈りに際して初心を忘れず、自負心を避けること。

どの項目も、今読んでみて十分に説得力のある話となっています。そして右の③のなかで、ネメシェギ神父は次のように述べているのです。

〈祈りはまさに、人間の貧しさの体験からほとばしり出た、真心からの叫び声でなければなりません。……このような根本態度を表すためには、「神よ、私を助けてください」「イエスよ、私をあわれんで下さい」「キリエ・エレイソン」「ホザンナ」「アレルヤ」などのような単純な言葉の方が適切です。このような言葉を繰り返し用いることによってこそ、人は心の貧しさを身につけ、そこから真実でなまの信仰をもつようになります。仏教では古くから「南無《ナム》」という語が祈祷語として用いられています。これはサンスクリット語のあて字でして、原語は「帰依する」「より頼む」ことを意味します。多くの祖先が全幅の信頼を置いて唱えたこの「南無」という言葉を、日本のキリスト者も自分の射祷として用いたらよいのではないでしょうか。キリスト者の祈りは、もちろんキリストの祈りへの参与ですから、大慈大悲であるおかたを呼び求める際には、キリストが用いた「アバ」という言葉を用いるのがふさわしい、と思います。それで、日本のキリスト

者は信頼をこめて、南無「アバ」と叫ぶとよいのではないでしょうか。〉（一四四頁、傍点平田）

　みなさん、驚かれましたか？　私もびっくりして目を疑いました。先ほども書いたように、この講演は一九七三年の夏に行われたものです。井上神父の「南無アッバ」の第一声（一九九九年）どころか、処女作『日本とイエスの顔』（一九七六年、選集1）よりさらに三年も前に、「南無アバ」を提唱したのが、このネメシェギ神父だったということ。

　このことを確認した私は、どうしても井上神父自身に確かめたくなり、手紙を書きました。するとすぐ、二〇一一年二月七日、神父から電話がありました。曰く、〝ネメシェギ神父の「南無アバ」については、ぜんぜん知らなかった。ただ、一九七〇年五月から一九七三年三月までの三年近くは、ネメシェギさんと神学校で隣の部屋だった。休憩室も同じだったから、その間に確かにいろいろ話し合っていた。いい人だったが、法然や日本文化について、また「南無」や「アッバ」について話し合ったことはない。彼が、とくに「アッバ」を強調していたとも、聞いていない。〟

その後井上神父は中目黒へ移って、『日本とイエスの顔』を執筆していきます。今のところ私も井上神父と同様、ネメシェギ神父がこの講演集以外に「南無アバ」を提唱し、あるいは推奨したという話や文章には出会っていません。

ネメシェギ神父の「南無アバ」と井上神父の「南無アッバ」。これは普通に考えれば、やはりまったくの偶然という他はありません。二人に数年間の交流があったにしても、右の電話での話のとおり、「南無ア（ッ）バ」に関する接点は皆無なのですから。

○「南無アッバ」西と東

ここからは私の推測です。思うに、日本人が長い間培ってきた伝統的宗教心を理解するヨーロッパ出身のネメシェギ神父が、その伝統と、神父の「祈りとはどうあるべきか」との考察から、日本人キリスト者に対して、このような祈りはどうか?と提示したのが「南無アバ」ということ。それはネメシェギ神父の、いわば神学的考察からの宗教的発明といえるのではないでしょうか。

先に見たとおり、「アバ」については、祈りをテーマにしたこの講演でも繰り返し言及されていますが、「南無」については一回だけです。井上神父から私が聞いた先の話も参考にすれば、もしかしたらネメシェギ神父は、この講演のために原稿を用意している時、あるいは実際の講演のなかで、「南無」と「アバ」を結びつけてはどうか、というひらめきを持ったのではないでしょうか。

いずれにしろ、それは神父の神学的な考察から出た言葉だと思うのです。

そしてそれから四半世紀後、偶然にも井上神父が、同じ「南無アッバ」を発語することになります。神父は「風」八一号（二〇〇九年春）のなかで、「南無アッバ」との出会いについて、次のように回想しています。

〈一九九九年の五月のある日、さつき晴れに澄んだ心地よい青空のもと、私はひとり、けやき並木を散歩しながら、けやきの枝とかろやかにたわむれている風の音を聞いていた。と、そのとき、全く突然に、「南無アッバ」という祈りの言葉が、私の口をついてでたのである。

「風の家運動」をはじめてから十三年、ずっとアッバの求道性を歩み続けてきた私ではあったが、「南無アッバ」という言葉が突然に口をついて出たのには、正直言って、私としても思いがけない驚きであった。

それは、ちょうど海底を流れている幾つかの潮流が、夢中になって求道にあえぎ、苦しんでいる私をとらえ一つになって、私を一気に「南無アッバ」という岸辺に打ち上げてしまったという思いだったのである。〉(「南無アッバ」の祈りとお札につつまれて(一)、選集5、一一九頁以下)

全く突然に口をついてでた「南無アッバ」。これは「ひらめき」というより、啓示に近いかもしれません。だからこそ「思いがけない驚き」をともなうものだったのでしょう。先のネメシェギ神父の「……南無『アバ』と叫ぶとよいのではないでしょうか」といった、冷静な語り口とはまったく異なります。

井上神父はこの「驚き」を、「夢中になって求道にあえぎ、苦しんでいる私」が意識しない(できない)所で、「海底を流れている幾つかの潮流が」「私を一気

に『南無アッバ』という岸辺に打ち上げてしまった」のだと分析します。そして、十年以上経っても、

〈未だに私には、この意識下をも含めた深い潮流が、どうして「南無アッバ」という岸辺に私を打ち上げたのか、その道すじは全くわからない。〉（同）

といいます。

神父はこれに先立つ「風」七六号以下で、

〈――「南無アッバの祈り」の岸辺に流されつくまでに、アッバが私のために用意しておいてくださっていた、数多くの感謝の思いを捧げたい方々――〉（選集5、三七頁以下）

と副題を付けた「漂流――『南無アッバ』まで」という連載のなかで、アンリ・ベルグソン、リジューの聖テレーズ、グレゴリオ・パラマス、ヨアヒム・エレミアスなどについて振り返っています。そして法然については、

〈法然上人への深い尊敬の念が、無意識にそこにはたらいているとは充分に考えられはするのだが、しかしどうもそれだけではないような気が私にはするのである。〉（八一号）

として、「南無アッバ」の発心について、
〈東洋人とか日本人とか言えるかどうかはわからないが、私自身の血の中にしっかりと根づいて流れている何かが、アッバのお招きと関係づけられている気もして仕方がないのである。〉（同）

とも言っています。このあと神父は「もぐらの穴ほり」のように、「無意識の底」にある、前者以外の「古人、先輩」についても思いを巡らしていきます。

この経過は、先のネメシェギ神父が「南無アバ」にたどり着いた経緯と比較すると、ちょうど逆の関係になり興味深いものです。ネメシェギ神父は「祈りの神学」を「イエスの祈り」の「アバ」を根幹に置いて展開しながら、日本人になじみのある仏教の「南無」に注目し、「日本のキリスト者」へのアドバイスとして「南無『アバ』と叫ぶ」ことを奨励します。つづめていえば、「祈りはどうあるべきか」という神学的考察により、イエスの祈りを原点とした総論から出発し、各論として日本の伝統を加味した祈りの形――「南無アバ」にたどり着いた、いわば理性的な営みの所産ということになりましょう。

それに対し井上神父の場合は、無意識の底から思わず口をついて出た体験としての「南無アッバ」がまずあって、のちに「もぐらの穴ほり」のようにその根底にあるものを理性的に振り返ろうとするのです。このことは、神父が学生時代に出会った心の師ベルグソンから学んだ、「〜について」知ること――理性知と「〜を」知ること――体験知という、ものごとの二つの捉え方を思い起こさせます（後述第三章参照）。

それにしてもこの「南無アッバ」というような祈りの言葉は、これまでの日本の、キリスト教からはなかなか出て来る言葉ではないだろうと思うのです。近年では、「南無イエス」（藤原直達神父、「風」一〇〇号）や「南無インマヌエル」（寺尾寿芳、同一〇八号）などを提唱する方もでてきていますが、これまでは一般のキリスト教信者が「南無……」という祈りを思いついて、公言するようなことは考えられなかったことです。そんなことをすれば、西欧の翻訳文化のなかで育ってきた日本の教会では奇異な目で見られるのは必至だからです。

パレスチナで生まれたイエスの福音をギリシア文化の中で理解しようとしたギ

リシア教父について深く研究してきたネメシェギ神父だからこそ、ことさら西欧を絶対視せず、日本人は日本の文化の中で福音を受けとめるべき、として「南無アバ」を奨励できたのだと思います。二人の間にこのことに関して直接対話がなかったとしても、知らずに井上神父はその「南無アバ」実践の第一号となったということになります。

二　日本語の信仰告白

〈「神がイエスをよみがえらせ、高く挙げて主とした」という信仰宣言は、すっぽりとイエスがそのまま余白の次元に入り込み、生かされ、余白を吹き抜ける風と一体化し、生きとし生けるものの根底を吹き抜けることとなったということに他ならないのではないか。〉（『余白の旅——思索のあと』選集2、一九六頁）

私は、井上神父の信仰を紹介しようとするとき、よくこの言葉を取り上げます。それは、日本の人たちが井上アッバ神学に素手で触れたとき、まずどんなところに惹きつけられるのだろうか、その最大公約数的な要素を含む文章を取り上げたいと思うからです。

いや、神学などと大上段にかまえるのではなく、井上神父の文章のどこに惚れたのか、自分の初心を思い出してみる。するとそれは、キリスト教の内実を教義的用語を使わずに、井上神父自身が実感をもって正直に日本語で語った言葉だったから、ということに思い至るのです。「悲愛」や「南無アッバ」は、それらの言葉の結実といえましょう。

もちろん神父に出会った頃は、そのような理由はわかりませんでした。まったく直感的なものだったと思います。しかし、私だけでなく、井上神父の著作や人となりに接して共鳴した多くの人たちが、同じ経験をされているのではないでしょうか。その好例が、度々引用させてもらう右の言葉なのです。神父は、「神がイエスをよみがえらせ、高く挙げて主とした」という信仰宣言、あるいは「三日目に死者のうちから復活し、天に昇って、全能の父である神の右の座に着き」という使徒信条を、

〈すっぽりとイエスがそのまま余白の次元に入り込み、生かされ、余白を吹き抜ける風と一体化し、生きとし生けるものの根底を吹き抜けることとなった〉

のだ、と喝破します。

この一文は、「イエス」という言葉以外、ふつうの日本語で語られており、私

たち日本人は何の抵抗も無く自然に受け取ることができます。キリスト教が日本語になるというのは、具体的にこういうことをさすのだと思います。

そして最大の問題は、この一文の主語である「イエス」を、日本人としてどう理解し、受け取り、そして伝えるか、ということです。井上神父や遠藤周作の一生をかけた苦心が、ここにあります。

三　信じるという行為

《《について知る》という、理性と概念による自然科学的なもののとらえ方、合理主義的な発想にあまりにも慣らされすぎてしまった現代の私たちは、ここで、日本文化が長いあいだたいせつにしてきた《を知る》というもののとらえ方を思い出し、《について知る》ことだけが唯一の知識であるという偏見を思いきって打ち破ることが必要であると思います。〉（『日本とイエスの顔』選集1、二六頁）

処女作『日本とイエスの顔』において井上神父はまず、ものを知る方法として、「～について知る」という概念、言葉による知と、「～を知る」という体験的な知とを区別します。この区別は、神父が哲学を志すきっかけとなったベルクソンから学んだことですが、現代の私たちは前者、すなわち理性知に傾きすぎており、いまや、日本文化が長い間大切にしてきた「～を知る」体験知を思い出すべきである、といいます。

その上で、どんなに知識を蓄えても、そこへ向けて出発しようとしない限り、ほんとうの意味でものを知ることはできない、として次のように述べています。

〈聖書、特に新約聖書が行為を要求する実践指導の書であり、私たちに永遠の生命への道を説きあかしてくれる書であるなら、一念発起してその教えに従おうと決意し、行為を起こさないかぎり、ほんとうの意味でイエスの教えをわかることはできないと思います。〉(同書、二七頁、傍点原文)

私はこの一文を、連載「井上神父の言葉に出会う」を始めたとき、「序にかえて」で引用しました。

井上神父は神学者や聖職者であるよりは、自分を一求道者、一宗教家と位置づけていたのではないかと思います。それは自らが「ほんとうの意味でイエスの教えをわかること」をめざし、リジューのテレジアを手本に、イエスの弟子たらんと「一念発起」渡仏して以来、変わることのない行動的な姿勢から読み取ることができます。

ただ気をつけなければいけないのは、「行為を要求する」と神父が言うとき、その「行為」とは、いわゆる「行為義認」としての律法的な行為を意味しているのではない、ということです。つまり、これこれをしなければ、神に「義」＝正しいと認められない、あるいは救いにあずかれない、ということではないのです。

このあたりのことはすでに拙著『「南無アッバ」への道』（聖母文庫、一二三四頁以下）で、井上神父の使う「行為」という言葉を三種に分類し、「条件行為」「信仰行為」「応答行為」と名付けて関係を考えたところですが、ここで奨励されている、一念発起してその教えに従おうと決意し、起こさなければならない行為とは、「祈り」に代表される「信仰行為」だということです。

昔、神父に「(井上)先生はなぜ、プロテスタントではなくカトリックになったのですか?」と質問したことがありました。そのとき神父が「カトリックには『行《ぎょう》』があるから」と答えたのを憶えています。いわずもがな、これは、プロテスタントには祈りがないなどと言いたいわけではありません。

では、「祈り」を「行」として捉える、とはどういうことなのか。神父は次のように言っています。

〈自分が主である世界から従になる世界に転換するのには、どうしても〝行《ぎょう》〟ということが必要です。型に入るということはそういうことなのです。祈りにはいろいろなかたちがあるかもしれませんが、「祈り」というのも一つの行であります。〉（『人はなぜ生きるか』選集6、二七頁）

この短い一文には救いについて、重要な四つのことが述べられています。まず救われるためには①「主我的段階」から「逆主体的段階」への転換——自己相対化が必要であるということ、そのためには②どうしても「行」が必要なこと、そして③「行」ずるということは「型に入る」ということ、さらに④「祈り」は「行」の一種であるということです。

「祈り」を「行」としてとらえるということは、まずその目的が「あちら（神＝アッバ）が主」であり、「こちら（私）が従」である、と自覚することにある。

そしてそのためには「行」という「型」に入ることが必要だというのです。

こうした祈り＝行・型という捉え方から見えてくるのは、「心のなかで祈る」というときのイメージとは対極にあるような祈り――「行動する祈り」とでもいうべき類の祈りです。井上神父が「一念発起」して、フランスへ渡り、厳しいカルメル会の修行に身を投じたというのは、その典型的な例と言えるでしょう。私たちはそこまでできないにしても、求道者、信仰者として実際に、家を出て、電車やバスに乗って、あるいは歩いてミサや礼拝に向うとき、すでにそこから行動的な祈りは始まっているのです。この意味では、「一念発起」――発心《ほっしん》から祈りが始まる、とも言えます。

この「行動する祈り」という視点で、これまでの私自身の拙い求道生活を振り返ってみますと、面白いことに気づきます。いや、面白いというより、本来は反省すべきことなのかもしれませんが――。

私が井上神父から洗礼を受けたのは、一九八一年八月三十日です。その猛暑の日、洗礼に続いて、聖体、堅信、結婚の秘跡をいっしょに受けさせていただきました。もっとも結婚については、相手（つまり今の妻）が信者ではありませんでしたが。

私がどうして洗礼を決意したのか、については『すべてはアッバの御手に』（聖母文庫）などにも概略書きましたが、その前後で気になっていたのはたとえば、洗礼を受けたら毎週ミサにあずからなければいけないのか、とか献金や維持費はいくら払えばいいのかといったような、今考えればまことに些末なことです。「なんだ、そんなことか」と思うのは、それなりに信者生活に慣れた人の感想でしょう。

日本人がキリスト教、あるいはイエスにひかれて洗礼を受けたいと思ったとき、意外にブレーキとなるのがこうした、いわば形而下の信仰生活の「あるべき姿」のようなものなのではないでしょうか。加えて私の場合、当時は家族の反対もありました。

そしてまさに問題は、キリスト者のこの「あるべき姿」の感覚なのです。現につい最近も、私がカトリックだと知った同僚から、「じゃあ、平田さんは、毎週教会に行ってるんですか（行ってるんですよね）」と言われました。「では、聖書を読んでいるんですか」というのも、たまにありますが、「神とはどういう方ですか」「イエスはどんな人ですか」というような質問は、まずありません。

要するに世間の人も、またもしかすると信者のなかでも、「信仰する」というのは、生活のなかで日常とはちがう「何か特別なことをする」というニュアンスで受け取っている人が多くいるのではないかと思うのです。日本では、なんらか明示的な信仰を持っている人について、「あの人は宗教をやっている」という言い方をよく聞きます。教え子からもときどき「先生は、宗教をやってるんですか」と面と向かって言われると、なんとなく嫌な感じがします。それはたぶん、「宗教をやる」＝「（普通じゃない、もっといえばまともじゃない）おかしなことをやっている」という風に思われているのだろうなあ、と感じるからだと思います。

しかし、井上神父が遺したこと、私たちに遺してくれたものを振り返る今、やはり最大のものは、「南無アッバ」の祈りの実践なのではないか、と改めて思うのです。確かに神父はたくさんの貴重な書き物や思い出を、私たちに遺してくれました。しかし、前に述べたように、晩年の神父は、〝私は、いろいろな本を書かせてもらったけれど、今はこの祈り（南無アッバ）だけでいい〟と言っていました。極論のように聞こえますが、井上神父の思いとしても、自身の全求道生活が、この祈りに集約されているのだ、と納得していたからこその述懐なのでしょう。

前述したように私は、宗教的な「救い」と「行い」に関連して、井上神父の考える「行為」を三つに分類しました。すなわち、救われた者がそのことに応える「応答行為A」、救われるために必要となる「条件行為B」、そして祈りに代表される「信仰行為C」、という三つです。そして、井上アッバ神学の特徴として、三番目の行為Cを幅広く解釈し、重視している、ということを指摘しました。

かつての私は、井上神父から洗礼を受けた後も、ながらく行為Aと行為Bを混同して悩んでいました。それが、神父の「信じるという行為」という言い方に出会った時、その悩みや葛藤から解放されたのでした。

〈『ヨハネによる福音書』の著者は、……イエスが見えない神を御自分のうちに宿しておられる神の子であること、即ち間違いなく私たちを見えない神の御手の中につれていってくださる方であることを信じるという行為が要求されるのだと

も説明しているわけです。〉(選集6、一〇七頁、傍点平田)

すなわち、私たちが「一念発起してイエスの教えに従おうと決意し、起こさなければいけない行為」とは、井上神父にとっては、端的に「信じるという行為」であり、その内実は第一に「祈り」の実践ということなのです。

それまでの私は、信じること(信)と行うこと(行)とを、無意識に二項対立的なものと思い込んでいたのでした。ですから自分の、いつまでも善い行いの伴わない信仰ということに焦り、悩んでいたのだと思います。受洗後四、五年経った頃だと思いますが、井上神父に尋ねたことがあります。

「先生、僕は洗礼を授けてもらったのに、何も変わっていないように思うんですが……。」

すると神父は即、

〈君ね、ほんとうに変わったか変わってないかは、神様の目から見なければ、わかるものじゃないじゃないか。そういうのは傲慢だ！〉

と、私を一喝したのでした。

当時、「南無アッバ」の祈りは、まだ井上神父の口から出ていなかったわけですが、その境地――アッバと呼べる主におまかせする！という求道の目標について、私はまだ十分に思いをいたすことができないでいたのでした。

右の〝信即行〟〝祈り＝行い〟とでもいうような、神父の求道性に接したとき、信か行かで分裂していた私の心は、ともかくも目標とする着地点のようなものが、おぼろげにも見えてくるような気がしました。こうして、キリスト教でいう「愛」といわれるものも、積極的に前に出ていく「為す愛」に対して、「為さざる愛」というものがあるのだ、ということもわかってきたのでした。井上神父がいう「悲愛」は、まさに後者の実践――祈りの実践を最優先することを意味していたのだと思います。

そして自身も臨終間際まで、「南無アッバ」の祈りを実践しつつ天に召されたのでした。

四　どう祈るか

受洗前、井上神父に祈りというのは具体的にどう実践したらいいのか、と聞いたことがありました。すると神父は、奥村一郎神父の書いた『祈り』(女子パウロ会)という本を推薦しながら、

〈たとえば、月に何回かミサに行くとか、聖書を毎日何ページとか決めて読めばいい。〉

と、まことに具体的かつ簡潔に答えてくれました。

また、私には受洗後しばらくロザリオの祈りを熱心に唱えていた時期があったのですが、これについても、「先生、最近はロザリオをよく祈っているのですが、これを続けて行けば何か見えてきますか?」と質問すると、井上神父は、

〈うん。十年続けていれば、見えてくるものがある。つまり、何も見えなくて

もいいのだ、ということが見えてくる。〉

と答えたものでした。

これなども、当時は何か狐につままれたように感じたのですが、今振り返れば、自力で何らかの境地を獲得しようとしていた私の思い上がりをよくよく知ったうえで、そんな自らの思いをもアッバにお任せするんだよ、「南無アッバ」だよ、という神父の思いやりだったのだと思います。

五　父なしには落ちない

〈ちょうど私たちが飛んでも泣いても笑っても、この大きな大地の外に出ることがないように、私たちは大地のように大きな暖かな神の掌の中で生き育っているのだというやすらぎと勇気と希望、それこそイエスが死を賭けて伝えようとしたものだと思います。〉（『日本とイエスの顔』選集1、三八頁）

この一文は、『マタイによる福音書』の次の言葉を彷彿させます。

〈二羽の雀は一アサリオンで売られているではないか。だが、その一羽さえ、あなたがたの父のお許しがなければ、地に落ちることはない。〉（一〇章二九節、協会共同訳、傍点平田）

しかし、新約聖書学の佐藤研氏は、この聖句を次のように訳出しています。

〈二羽の雀は一アサリオンで売られているではないか。しかしその中の一羽ですらも、あなたたちの父なしに地上に落ちることはない。〉（岩波訳）

ギリシア語聖書（ネストレ第二七版）を見ると、協会共同訳で「父のお許しがなければ」に当たる箇所は、「アネウ　トゥー　パトロス」となっており、「お許し」に相当する言葉は見当たりません。つまり、直訳としては「父なしに」が正しい。

佐藤氏は、岩波訳の当該聖句の傍注で、次のように述べています。

〈すなわち、地に落ちる時は神が支えてくれる、の意。「父なしに」をほとんどすべての訳は「父のお許しがなければ」（新共同訳）などに敷衍しているが、あらずもがなである。思想的には、一23の「インマヌエル」、二八20の「共にいる」参照。〉（傍点原文）

新共同訳や協会共同訳以外にも、現在日本に一般に流布している口語訳や新改訳、フランシスコ会訳も、みな「父の許し」と敷衍しています。

井上神父は生前、「翻訳というのは一種の創作である」というような指摘をしていましたが、なぜ多くの訳が原語にない「父の許し」と敷衍したのか。なぜ素直に直訳して「父なしに」としなかったのでしょうか。

日本語聖書の「父の許し」という翻訳は、アメリカで長い間使われた『改訂標準訳（RSV、一九五二年）』の影響が大きいようですが（並木浩一、志村真）、翻訳のプロが先人の訳を参考にするのは、当然のことでしょう。また、その言葉が置かれた文脈——前後関係にそって翻訳するというのも当たり前のことだと思います。さらに、マタイの神学、新約聖書の神学の理解・受け止め方……と行けば、やはりそこには井上神父が言ったように、「翻訳は一種の創作」といった要素が、当然入ってくるものなのだと思います。創作的要素が全く入らない翻訳というものはありえない、ということになりましょう。

ともかくも基本は、原著者の意図をどのように受け取るか、ということになるのだと思います。

件の聖句についていえば、「父のお許し」という訳は、父＝神が、生きとし生けるものの運命を決定していく主体である、という唯一絶対神に対する摂理信仰が強調されています。これはキリスト教の教義としてはまったく正しいことです。井上神父も、「人生の主役はあちらにある」という言い方をよくしていました。

しかし問題なのは、この訳の場合、「お許し」を出す「父」アッバが、あたかも生死の門に立つ閻魔大王のように、私たちの人生の外に立って第三者的に、許可不許可を出している、という印象を与えることにあるのだと思います。この「父」は人生の冷酷な審判者であって、温かさ、愛を感じさせません。

一方原文の「父なしに……」の方は、佐藤氏が指摘するように、「地に落ちる時は神が支えてくれる」というニュアンスを含意します。そこには私たちが「アッバ」（パパ）と親しく呼べる「父」の姿（『ローマの信徒への手紙』八章一五節）――「悲愛」、「共に」の御心、生死をこえて生きとし生けるものに寄り添ってくださる「同伴者イエス」ご自身の姿を彷彿させるものがあります。

六　人生マラソン

○折り返し地点

〈けれども、折り返し地点からは、老いというのは、そうしたもの（たとえば脚力、視力、聴力）をだんだんとお返ししていく過程、つまり神様からお借りしているものをお返ししてゴールに入る道のりであるということを実感させられます。〉（選集5、一〇頁）

井上神父が八十歳を前にしたときの言葉です。神父は歳を重ねる毎に、老いに言及することが多くなっていきました。そういうなかでパウロにならって、人生をマラソンにたとえ、その折り返し地点――「大体六十五、六十六歳くらい」

――からは、いままで当たり前に享受してきたものを、お返しする道のりだというのです。〝行きは良い良い帰りは恐い〟という歌の文句ではありませんが、マラソンの往路にあたる青壮年期は、意気揚々と活動できるのに対して、復路である高齢期こそ大きな問題となります。

この「人生マラソン」のうち第一に注目したいのは、神父の「折り返し」という表現のユニークさです。

人生の「折り返し」ということを聞いて、私がすぐ思いつく言葉は「還暦」です。これは、六十年で再び生まれた干支にかえることから、数え年六十一歳のことをいうのですが、何を隠そう、私自身が今まさに還暦（連載時）なのです。

壮年期までは当たり前と思っていたことが、老年期に入るとどんどんできなくなる。その喪失感は、井上神父の場合、六十五歳で進行が決定的となった緑内障による失明の恐怖により切実なものとなります。しかし神父が、今こそ人生の折り返し地点にいるのだ、という発想をパウロから与えられたとき、自身が抱えていた喪失感や恐怖に対する見方が変えられたのではないでしょうか。

もっともパウロには私たちがアッバから出てアッバの懐に帰る、という発想は

ありますが、おそらく井上神父がヒントを受けた聖書箇所『テモテへの手紙二』四章七~八節の、

〈私は、闘いを立派に闘い抜き、走るべき道のりを走り終え、信仰を守り通しました。今や、義の冠が私を待っているばかりです。〉

や『コリントの信徒への手紙一』九章二四節の、

〈あなたがたは知らないのですか。競技場で走る人たちは、皆走っても、賞を受けるのは一人だけです。〉

などの前後を見てもパウロは直接、人生の中での「折り返し(地点)」ということには言及していません。そういう意味では「折り返し」は、神父がパウロの人生競技という考えからヒントを得たユニークな発想と言えましょう。

たしかにパウロにも、

〈だから、私たちは落胆しません。私たちの外なる人が朽ちるとしても、私たちの内なる人は日々新たにされていきます。〉(『コリントの信徒への手紙二』四章一六節)

など、老いを肯定的に捉える言辞はありますが、人生の途中に「折り返し」を

置く言葉はないように思います。それはパウロの時代と現代のような長寿社会との背景のちがいゆえかもしれません。

いずれにしろ井上神父はパウロ思想を敷衍し、人生半ばの折り返し地点を意識することによって、私たちがアッバの懐に帰っていく具体的な道のりを示すことになったのではないかと思うのです。

最近、平均寿命が話題になるとき、あわせて「健康寿命」という言葉をよく耳にします。この背景には、医学の発達によって寿命が延びることが、無条件に良いことなのだ、という考えに対する疑問があるのでしょう。先日の新聞によると、平均寿命と健康寿命との差は、男女とも十歳位あります。つまり今後私たちは、二人に一人がガンになり、五人に一人が認知症になるなど、何らかの病や障害を背負いながら十年は生きなければならない、ということになるのです。

○パウロの現代化

ここに、パウロの時代とは違った「老い」の厳しさが浮上してきます。しかしその解決のヒントを私たちが聖書に求めても、直接的な答えはないわけです。ならばどうするか。キリスト者として聖書が普遍的真理を指し示すということを信じるのであれば、御言葉を現代化するしかありません。しかも同時に、真摯に実存的でなければならない。ですからそれは「非神話化」とも言えましょう。

〈ここで重要なことは、現代の日本の人たちにこの真理を説明するとき、二〇〇〇年前の弟子たちが使った表現を、そのまま鸚鵡のように繰り返すだけであってはならないということである。ギリシア語を日本語に翻訳しなければ、日本人には新約聖書は読めないということは、誰でもすぐにわかることである。しかし、実は表現についても全く同じことがいえるのであって、その表現をも現代日本人にわかりやすいように翻訳しなければ、決して今の人たちには理解できないのだということ、このことは決して忘れられてはならないことであろう。現代日本のキリスト教神学が、どうしてもうまれてこなければならない理由がそこにある。〉（『風のなかの想い』選集8、一七二頁、傍点原文）

古代に書かれた聖書の表現を現代日本人にわかるように翻訳するということ。それは「すべての日本人キリスト者の使命である」と以前、私も述べました（『心の琴線に触れるイエス』第二章）。これは広義の意味で言えば、けっして大げさなことではありません。つまりそれは、私たち一人一人が日常の自然な言葉と行動でキリスト信仰を表明すること、「南無アッバ」を生きるということにほかなりません。

〈キリスト者としての立場から発言させてもらえば、一人一人が自分の心情でとらえたイエスの福音というものを、自分の言葉で語っていくということが、日本のキリスト教にとっては一番大切なことだと思います。〉（『人はなぜ生きるか』選集6、五二頁）

冒頭の井上神父の人生の「折り返し」という発想は、それ自体としてはオリジナルなものではないでしょう。また、言葉そのものとしては確かに聖書にはないし、パウロ自身がそうした発想を持っていたという証拠もありません。しかし、一人の日本人として、かつキリスト者として長く生きてきた井上神父の体験から、「自分の心情で」パウロをとらえ、「自分の言葉で」表現した考え、という点でユニークなパウロ解釈、パウロ「翻訳」と言えるのではないでしょうか。

井上神父の聖書敷衍訳や意訳が優れたものであることは、これまでも指摘してきたところです。しかしここで聖書に直接語られていない「老い」の捉え方――人生「折り返し」の発想をパウロ神学から学び取り、未曽有の高齢社会を経験しつつある日本人キリスト者として一般の人たちに敷衍し、提示するということ、それはパウロの手紙の恣意的な解釈を戒める、

〈彼【パウロ】の手紙には分かりにくい所があって、無学な人や心の定まらない人は、それをほかの書物と同じように曲解し、自分の滅びを招いています。〉（『ペトロの手紙二』三章一六節）

という警告に、けっして反することではないと思います。

◯お借りしたものを返す

「人生マラソン」のたとえの第二の注目点は、この折り返し地点からの老年期の肉体の衰えを、「神様からお借りしているものをお返しする道のり」（過程）として捉え、そこに老年期の意味を見出しているということです。

そもそも井上神父がここで例を出している「脚力」も「聴力」も、そして、こうしたことを真剣に考えるきっかけになった「視力」も、すべて私たち自らに発する、固有の持ち物ではありません。

〈あなたの持っているもので、受けなかったものがあるでしょうか。〉（『コリントの信徒への手紙一』四章七節）

〈私は裸で母の胎を出た。
また裸でそこに帰ろう。

主は与え、主は奪う。
主の名はほめたたえられますように。〉（『ヨブ記』一章二一節）

一生懸命努力して身に着けた能力や地位、節約して貯めた財産を手放すのは、正直つらいものです。まして、肉体的に有って当たり前と思って過ごしてきた、基本的な脚力、聴力、視力等々。それらが徐々に低下し、失われていくのはとても悲しいことですし、それが急速であれば恐怖すら覚えます。

しかしそれら自らの所有と思い込んでいたものが、実はアッバからの贈りものではなく、すべてお借りしていたものだったのだと気づくとき、それらを「最後全部」ていねいにお返しするのが当然であり、そのことが人生を締めくくる大事な仕事になってきます。そこに私たちは、老年期の積極的な意味を見出し、私たちの心に安らぎが訪れてくるのではないでしょうか。

○人生の意味

そして、「人生マラソン」第三のポイントは、アッバからこうした能力をお借りしている私たちの人生全体の意味にも言及しているということです。

井上神父は、『エフェソの信徒への手紙』二章一〇節、

〈わたしたちは神に造られたものであり、しかも、神が前もって準備してくださった善い業のために、キリスト・イエスにおいて造られた……〉（新共同訳）

を、

〈〝私たちの人生は、神様から与えられた、私たち一人一人に神様がお望みになっていることをやっていくための神様の作品なのだ〟〉（選集5、一一頁）

と敷衍しています。

『エフェソの信徒への手紙』は、通説では「第二パウロ書簡」の一つと考えられ、直接パウロの手にならない、パウロの信奉者が書いたものとされていますが、この「人生は神の作品」という捉え方は、非常に示唆に富んだたとえであることが、井上神父の話から伝わってきます。新共同訳で「造られたもの」と訳されているギリシア語テキストのポイエーマを、口語訳、協会共同訳などでは「作品」と訳しています。

「作品というのは作る人が心を込める」ものですから、それが「神の作品」であれば、

〈神様は、私たち一人一人の人生をご自分の思いを伝えるものとして作ってくださった〉(同)

ということになります。

これらの言葉からも、私たちは様々なことを学ぶことが出来ます。

まず、私たちの人生は、たとえ今どんなにつらい状況にあったとしても、根本的にアッバの祝福と悲愛の御手のなかでのことなのだ、という励ましを受けます。神が「アッバ」(パパ)と呼べる方であるかぎり、その「作品」に憎しみや怒りや懲罰の思いが込められるということはありえないからです。つらい状況は私たちの思いを超えたところで、イエスの十字架から復活が引き出されたように、必ず善きに変えられるのだという確信を持てるのです。

そしてここに「人はなぜ生きるか」——私たちの人生の意味・目的が、端的に表明されるのです。それは「作品」という言葉を、井上神父が強調する「場」という言葉に置き換えてみるとよくわかります。すなわち、私たちの人生は、それ

それが置かれた時代や境遇のなかで、「神の業」を実現していく「場」なのだということ、それこそがこの世に生を全うする意味であり、目的なのだということです。それゆえ、

〈（どんなに）短い人生でも、どのような曲線を描いたような人生であっても、神様はご自分の業《わざ》を私たちの人生でなさっている〉（同）

――人生はそのままで神実現の「場」なのだ、と断言できるのです。右の第一点で指摘したように、根本にアッバの祝福があるのですから、失敗の人生などないのです。また、気負って、何か特別なことをしようとする必要もない。何もしなくても、「作品」である存在そのものへの祝福が先にあるからです。

その安心感、アッバのあたたかな御手のなかで、できることをすればいい。背伸びをする必要などありません。そう井上神父は言っているのだと思います。

ちなみに、「作品」ポイエーマは英語のポエム（poem：詩）につながる言葉であり、そのことからも私たちが神の特別な芸術作品というニュアンスが読み取れます。本来、詩を含めた芸術作品というものは、他の何かのための手段ではな

く、生み出されたこと自体に価値があるものです。私たちの人生がそうした「作品」であるとすれば、それは私たちの存在そのものに価値があるのであり、それぞれの場でそのまま生かされること、それ自体が私たちの使命ということにもなるのです。

井上神父も度々言及したV・E・フランクルの言葉から引用します。

〈生きるとはつまり、生きることの問いに正しく答える義務、生きることが各人に課す課題を果たす義務、時々刻々の要請を充たす義務を引き受けることにほかならない。〉（『夜と霧　新版』池田香代子訳、二〇〇二年、一三〇頁）

私たちが人生の意味を問うのではなくて、人生が私たちに意味を問うている。この「人生の意味のコペルニクス的転回」ということと、先の井上神父の言葉を合わせると、次のように考えることができます。すなわち、私たちの人生の主役がアッバ＝神だとすれば、私たちが自分の人生において引き受ける「義務」とは、各人の人生において展開されるアッバの業を行うこと、否、アッバの業がアッバによって行われることに協働すること、アッバが実現される業の通路となり、「場」となるべく、自らを持することである、と。

それは、私たちの人生においてはあちら＝アッバが主であり、こちらが従であるという発想――自己相対化につながります。これは追い立てられるような生活の中で、「おれが、おれが」と前に出ようと、あくせくしている現代人への警告ともなります。

こうして自分が相対化していったときに、その人だけに与えられた使命というものも見えてくるのではないでしょうか。

○完成のとき

〈だから、少なくともパウロやイエスさまのお言葉によれば、死というものは、決して単なる終りなのではなく、ゴールすなわち完成の時なのです。お借りしていたものを最後全部お返しする、たしかに苦しく寂しい時かもしれませんが、神様の御手にお迎えいただくという意味でも明らかに完成の時なのです。〉（選集5、

一一〜一二頁、傍点原文）

私たちの人生の主体が私たちではなくアッバだとすれば、それをしめ繰くる責任の主体もまた、アッバということになります。私たちが、神さまの手造りの「作品」であれば、必ず「完成の時」が来ます。それが私たち人間の目——神さまの外側に立って全体を見ることができない目——から見れば、どんなに未完成、貧弱に見えようとも、アッバから見れば、けっして失敗ということはありません。

その時にこそ、アッバからお借りしていた道具——能力をすべてお返しし、作品たる私たち自身をお捧げし、アッバのふところに抱き取っていただきましょう。こうしてアッバとの協働作業たる「人生マラソン」を走り終え、アッバの懐へとゴールするのです。

七　あの頃

二〇〇九年に『すべてはアッバの御手に』という本を出版しようとしたとき、その「プロローグ」に、井上神父との出会い前後（一九八〇〜八一年にかけて）のことを記録しておこうと思い立ちました。個人的なことにも及ぶので、いちおう神父に了解をとった方がいいと考え、原稿を拡大コピーして送りました。

ところが、いつもならすぐにでも返事をいただけるのですが、今回はなかなか応答がありません。郵便が届いていないということはないだろうから、これは何か気に障ることを書いてしまったか、とだんだん不安になってきました。

そして、だいぶ経ってから次のような手紙をいただいたのです。

〈……たいへんに、なつかしい思いで、拝読させていただきました。

あの頃のことを思い返すと、やはり感無量の思いで、アッバのなさることの不思議さにしみじみと打たれる思いがいたします。

あの【真生会館での】輪読会は、カトリック新聞に広告をだしてはじめたものでした。当時私は、すでに朝日カルチャーセンターで「キリスト教入門講座」をはじめており、三十人以上の未信者の方々が、ききに来てくださっていました。また、七六年に出版した『日本とイエスの顔』の反響も相当に大きく、たくさんの手紙をいただいていました。ただ、カトリックの信者さんたちの反応は殆どゼロに等しいものだったのですが……。

今になって振り返ってみれば、「風の家運動」をはじめて二十年以上がたちましたが、その間、「朝日」や「日経」などの新聞はとても好意的に紹介してくださり、「毎日」、「読売」なども多少ふれてくださっていたのですが……。

それで輪読会に、たった四、五人しかあらわれなかったのをみたとき、正直言って、心では私は大きなショックを受けていたのでした。

あのときの人たちで、いまもおつきあいさせて頂いているのは、実に、平田さん、あなたお一人だけですものね。

ま、いろいろなことがありました。すべてはアッバが、私たち作品をとおして、おこなっておられることなのですよね。……

アッバ　アッバ　南無アッバ

二〇〇九年二月八日

井上洋治

平田栄一様〉

便箋七枚に及ぶ、この長い手紙を受け取ってすぐ、お礼の電話をかけたとき神父は、右にあるように「あの頃のことを懐かしんで、しばらく思い出していたんだよ」と言っていました。

私自身も「感無量」なのは当然ですが、井上神父にとっては、まさかあのときの「たった四、五人」のうちの一人の若者が今の私である、という意外感?が強いのだと思います。そして、同時進行していたカルチャーセンターでの反響と、身内の教会での鈍い反応とのギャップ。それはカトリック司祭であってみれば、やはり「大きなショック」だったのだなあ、と改めて確認したのでした。神父同様私も、「アッバのなさることの不思議さにしみじみと打たれる思い」がしています。

〈ま、いろいろなことがありました。すべてはアッバが、私たち作品をとおして、おこなっておられることなのですよね。〉

この手紙を今読み返しながら、アッバの「作品」としての私たちの人生は、「南無アッバ」ととなえ、お任せするところに実現していく、そう身をもって、井上神父が私たちに教えてくれたことに、あらためて感謝しています。

八　井上神学と青野神学

○アッバ神学とパウロ主義

〈そこで私は、『新約聖書』を構成している書物を、すべて賛成であれ、懐疑的であれ、ともかくパウロの立場を中心課題として理解していこうとするサンドメルの視座を自分のものとすることによって、初めて、着地できずにとめどない飛行をくり返さざるをえないように追いつめられていたパイロットのあせりと悩みのような心情から脱けでて、地上着陸を決断しえたというわけだったのである。〉（「漂流――南無アッバまで」選集5、八一頁）

拙著『「南無アッバ」への道』では、『ルカによる福音書』一八章の〈「ファリサイ派の人と徴税人」のたとえ〉を巡って、井上アッバ神学の特徴を見てきました。

その最終章では、井上神父がサンドメルの『天才パウロ』によって「目からうろこ」の体験をし、それ以来、「パウロの立場を中心課題として」新約聖書を読む、という視点が与えられて書いた『キリストを運んだ男』（選集3）を取り上げました。このサンドメル——パウロとの出会いが、一九八六年の「風の家」設立への推進力になったのでした。

私は原稿執筆をきっかけに、まず日本語訳として出ているサンドメルの『ユダヤ人から見た新約聖書』（ミルトス）を、続いてインターネットでアメリカの書店から当の『天才パウロ』（The Genius Of Paul）の復刻版を手に入れて読んでみました。そして、これらを読み進んでいくうちに、私自身もパウロの思想にあらためて興味を持つようになったのでした。

パウロ思想はさまざまな要素や方向性を持っており多面的です。ときには真正パウロ書簡と考えられている七つの手紙の間でも、一見矛盾するような思想が見受けられます。

私は、二〇一二年八月、三鷹のお部屋におじゃましまして、直接井上神父と話したとき、「『パウロを中心課題とする』というのは、具体的にパウロのどういう思想を指しておっしゃっているのですか」と聞いてみました。そのとき神父は、「これ」と一つに限定することはしませんでした。しかし私としては、いわゆるパウロ主義（paulinism）の中心は、何といっても彼の「信仰義認論」にある、と思っていましたので、その方向でルターの『キリスト者の自由』なども読み返していったわけです。

○青野神学との出会い

そうした勉強のなかで最も大きな恵みだったのは、パウロの「十字架の神学」研究で知られる青野太潮氏の論説との出会いでした。私は氏によるパウロの「信仰義認論」の解説によって、アッバ神学への理解を、より深めることができたように思います。

〈とくに『ローマの信徒への手紙』四章五節を中心にパウロの「信仰義認論」

を語る青野氏の考えは、アッバ神学を補強してくれるもののように思います。というのは、右に述べた意味での「信仰義認論」――「人をダメにしてしまうかもしれない可能性を持つ程に無条件で徹底的な神のゆるし」（『「十字架の神学」の成立』三六四頁他）、「しかり」を与える神を信じるということは、まさに「アッバ」と呼ばれるにふさわしい母性原理の神に信頼することだからです。〉（『「南無アッバ」への道』三一四頁）

私はこのように書いたのですが、青野神学と井上神学は母性原理でつながる、という自分の解釈が正しいかどうか、やはりどうしても確かめたくなり、実は次のようなメールを青野氏ご本人に直接送らせていただいたのです。抜粋します。

〈青野太潮先生、

……青野先生の『どう読むか、聖書』をはじめて読んだときは、自分なりに考えて正直ピンとこない部分もあったのですが、贖罪論一辺倒のキリスト教に抵抗を感じていたので、こういう捉え方もあるのかと、大きな励ましを受けました。

それからずいぶん時が経ち、たまたま、先生の近著『「十字架の神学」をめぐって』を読む機会があり、「これは！」と改めて感心した次第です。

とくに感銘を受けたのは、東日本大震災にまつわる神義論への青野先生の切り口についてでした。先生の「人間（信者）の生は、十字架につけられしままなるキリストに倣うもの」との解釈に大いに触発されたのでした。……

なによりお礼を申し上げたいことは、青野神学に接したことで、私にとって、井上神学（私は「アッバ神学」と呼んでいます）の理解が、自分なりに、より深まったということです。……

青野神学の取り上げ方も、まったく我田引水だとは思いますが、ここまで学んだことから一つ見えてきたのは、「イエスの福音も、そしてパウロの信仰義認論も母性原理にもとづく」ということです。

青野先生が丁寧に論じられているパウロの「十字架の神学」における「信仰義認論」は、井上神父（や遠藤周作）が主張する、「日本人には母性原理の強い宗教が受け入れやすい」――母性原理のイエスの福音ということと大いに響き合う、と思ったのです。

井上神父の主張の根本には、神は厳父のように裁く方ではなく、どこまでも赦す「アッバと呼べる母性原理に基づく神」である、ということがあります。そして日本人にはそのようなキリスト教こそ受け入れやすいものなのだ、と主張しています。

青野先生は「母性―父性」という軸ではあまり語られてはいないと思いますが、「無条件・無制限の赦し」をイエスやパウロの発見した神の本質と見る点で、大いに井上神学と通じる所があると思ったのです。

こうした解釈は、我田引水かもしれませんし、青野―井上でもちろん異なる点も多いことは知っていますが、私としては、井上神学に接した時と同じくらい青野神学との出会いが喜ばしいものとなっています。……

平田栄一拝〉

(2013/12/29)

○母性的福音理解

しばらくして、青野氏からは次のような返信メールをいただきました。転載の許可を頂きましたので、抜粋引用します。

〈平田栄一さま、

メール、大変嬉しく拝読させていただきました。

たしかに仰るとおり私は「母性―父性」という軸では議論をしてきませんでしたが、内容的には「母性的」な福音理解をしていると申し上げてよいかと思います。ですから私の議論の引用も、決して的外れなものなどではないと思います。

　私の書いたものをこのようにしっかりと読んでくださっていることに対して心から感謝を申し上げます。ありがとうございます。

　遠藤周作（もう歴史的人物ですので、呼び捨てにしますが）の著作からも影響を受けましたし、井上洋治先生の書かれたものにも共感を抱いてまいりました。

　二十年以上も前の話になりますが、井上神父が西南学院大学の宗教強調週間の講師としていらして下さった折に、「青野です」と自己紹介をいたしましたとき、先生がにっこりされて「知っていますよ」と言ってくださったのを昨日のことのように思い出します。……
私もぜひ平田さんにお会いしたいものだと思っております。
それではどうぞお元気でよいお働きをなさってくださいますように。

青野太潮〉

（2014/01/10、傍点平田）

私は、このようなメールをいただいて、縁あって出会った二つの神学――井上アッバ神学と青野神学が、種々の相違点――たとえば、新約と旧約の連続性の問題など――を持つにしても、福音をともに「母性原理」において捉えているということを確認できたのでした。さらに日本人のための霊性＝求道性として、リジューのテレジアに学ぶ「母性原理」を推した井上神父のあの「遺言」（『「南無アッバ」への道』「あとがきにかえて」参照）が、当を得たものであったことを知り、うれしく思ったのでした。

○イエスの十字架と死

私は『心の琴線に触れるイエス』で、例示した佐古純一郎氏の信仰などと比較したとき、井上アッバ神学が「罪の問題よりも苦しみの問題に重点があり」、「十字架より復活」あるいは「十字架から復活へ」という特徴を持っていると述べました（三三頁以下）。

ただし、「井上神学には十字架がないということにはならない」とも述べました。それは、イエスの十字架の死を私たちの罪のための「贖い」や「犠牲」として捉える信仰を前提にすると、井上神父がほとんどそれらを語らないことで、一部の牧師さんたちから、「井上神学には十字架がない」と批判されたことへの弁証の気持ちが働いていたのだと思います。

青野太潮氏には、ロングセラーになっている『どう読むか、聖書』（朝日選書、一九九四年）をはじめ、パウロの「十字架の神学」を精緻に解き明かす『「十字架の神学」の成立』（ヨルダン社、一九八九年）、『「十字架の神学」の展開』（新教出版社、二〇〇六年）、『「十字架の神学」をめぐって』（新教新書、二〇一一年）という三部作があります。氏はそれらのなかで、「贖罪」一辺倒のこれまでのキリスト教を批判しながら、次のようなことを主張しています。

①キリスト信仰の告白定型としてよく言われる「イエスは十字架の死によって私たちの罪を贖った」という言い方は、パウロ書簡を含め、新約聖書の中には一箇所も存在しない。②パウロは、イエスの「十字架」とその「死」の意味を明確に区別した。すなわち、③イエスの「死」は伝統的贖罪論へ向かう契機として受け入れたけれども、④イエスの「十字架」は、直接的には「愚かさ」「弱さ」「つまずき」「（律法による）呪い」を意味し、しかし同時に真の⑤「賢さ」「強さ」「救い」「祝福」をも、逆説的に意味している。そしてパウロはまさに現在完了形によって継続する、⑥「十字架につけられしままなるキリスト」――近作『パウロ』（岩波新書、二〇一六年）では「十字架につけられたままのキリスト」――をこそ、自らと信徒の実存の原点として捉えていたということ。そして、⑦『ローマの信徒への手紙』四章を中心とする、パウロの「信仰義認論」――「不信心な者」を

無条件に義とする――は、パウロ自身による、イエスの十字架解釈であり、⑧「幸いなるかな」（『ルカによる福音書』六章二〇～二一節など）に代表されるイエスの「福音の逆説」とパウロの「十字架の逆説」はぴたりと合致するということ、などです。

○イエスの赦し宣言と贖罪死

ちなみに、十字架と切り離したところの、イエスの死による贖罪ということを考えたとしても私には、素朴な疑問として常々思っていたことがあります。それは、イエスの（十字架の）死によって、私たちの罪が贖われた、という贖罪論と生前のイエスによる罪の赦し宣言、これはどう関係するのか、という問題です。すなわち、福音書の多くの箇所では、神の子であるイエスの死によって初めて、私たちの罪が贖われる、あるいは赦されるということより前に、生前のイエスがストレートに罪人や民衆に罪の赦しを宣言しており、この二つの赦しはどう関係するのか、ということです。

実際、慰め物語や奇跡物語のなかではイエスが、自身の死を語らずに「あなたの罪は赦された（赦されている）」と言っています。たとえば、生前のイエスの次のような聖句では、

〈よく言っておく。人の子らが犯す罪やどんな冒瀆の言葉も、すべて赦される。〉（『マルコによる福音書』三章二八節）

と明言しています。

神の子であるイエスが、そのように宣言しているのであれば、どうしてそれ以上、自らが十字架に死んで、人々の罪を贖う、償う必要があるのだろうか。まさか、生前のイエスによる赦し宣言は不十分なものであり、イエスの死によってはじめて完全な贖いがなされた、とでも説明するということでしょうか。それはあまりにも思弁的であるように思われます。

贖罪論については、神学の長い伝統のなかで、いろいろな説明や解釈が可能なのでしょう。しかし、贖罪論を強調するキリスト教を耳にするたびに私は、生前のイエスの赦し宣言と、伝統的贖罪論との関係に戸惑いを覚える人も多いのでは

ないか、と率直に思うのです。

イエスの(十字架の)死の贖罪論的理解は、強くユダヤ教の影響を受けています。青野氏は贖罪について、「旧約聖書以来の伝統を新約聖書も保持している」としつつ、しかし、

〈イエスの発言において「罪の」贖いとしての自らの死が明確に語られている箇所は無い。〉(『岩波キリスト教辞典』五六五頁)

また、

〈イエスが罪のゆるしを宣言されたときには、まさにそこで実際に現実として起こっている罪のゆるしを宣言されたのであり、……十字架の贖罪が完成したときに初めてすべてが完成する、というようなことを、イエスはおっしゃったのではないと思うのです。〉(『「十字架の神学」をめぐって』二九頁)

と述べています。

○日本人の感性

かつて私は『パウロを語る』（朝文社）などから、「井上神学には十字架がない」のではなく、

〈井上神父は、イエスの十字架を、人間の罪の犠牲（sacrifice）としてよりも、「私たち一人一人の人生の苦しみを」「mitleiden して（共に担って）くれた」もの、あるいは「汚れを取り去った、神との調和を回復した」ものとして受け取っており、〉（『心の琴線に触れるイエス』三三頁）

〈十字架をイエスの共苦的姿勢――悲愛の頂点に位置するものと考えている〉（同）

ということを指摘しました。

十字架を、罪の自覚―イエスの死―贖いという、ユダヤ教に連なる伝統的贖罪論に結びつけることが、キリスト教（とくに西方教会）では当然のこととして受け入れられてきた中で、井上神父は少なくともそのことを第一には取り上げない、

否、あえて避けてきたかのように思われるふしがあります。

キリスト教徒にとって十字架は、まさに中心的シンボルです。それゆえ私たちは毎日十字を切っています。しかし、それぞれのキリスト者が十字を切るときの思いは、さまざまでしょう。遠藤周作や井上神父にとっては、十字架に贖い信仰を直接盛り込むことは、心情的に無理があったのではないでしょうか。

先の青野神学の要点②〜⑤のとおり、伝統的贖罪論へと向かうイエスの死と、イエスの十字架を、パウロは明確に区別しました。青野氏は、そもそも十字架は初期信仰においては、そのあまりの悲惨さのゆえに贖罪論に直接結びつけられなかったのではないか、と推測します。しかし、後の教会は——とくに西方教会はイエスの死と十字架を結び付けて、大きく贖罪論に傾いていきます。それはおそらく、時間の経過のなかで十字架の直接的な悲惨さ、むごたらしさが風化され、抽象化して贖罪という、ユダヤ教からの教義に溶け込んでいったためと思われます。これは、どんなに大きな災害や戦争の記憶も、世代が下ると風化していくという過程と似ています。

井上神父や遠藤は、そうした経緯とは別に、おそらくは日本人の感性の問題として、十字架に犠牲や贖罪を読み込むことに、大きな抵抗を覚えたのだと思います。それが証拠に、井上神父の著した三十冊近くの本のなかで、積極的に犠牲や贖罪に言及した箇所は、ほとんどありません。これらの言葉すらめったに出てきません。

遠藤も、キリシタン時代に日本人がキリスト教から離れて行った理由について、幕府の弾圧政策とは「別の事情があったのではないか」として、次のように言います。

〈それは一言で言うと、西欧の基督教のなかには日本人の感覚に馴染みにくい何かがあって、その何かが結局は日本人たちを西欧基督教から、いつか離していったのではないだろうか。〉（遠藤周作監修・佐藤陽二編『キリスト教ハンドブック　改訂版』三省堂、二〇〇九年、巻頭エッセイ「日本人と基督教」九頁、傍点原文）

そして「そのうち重要なもの」として次のことを指摘しています。

〈(一) 生贄という観念は、日本人の感覚には薄いこと。

周知のように、西欧の基督教の教義（主としてポウロ神学）にはイエスが十字架にかかったのは、原罪による人間の神からの断絶を救うためであり、また彼は人間のすべての罪を背負い死んでいったという考えが含まれている。

この後者の考えはイエスをいつか、我々の罪を引き受けた「身がわりの小羊」のイメージで見るようになった。そのイメージは基督教を生んだユダヤ教の過越の祭りで、それぞれの家族の罪を飼っている羊に托し、その羊を神殿で殺す習慣からも生まれたのであろう。

だが、この遊牧民族に特有の祭儀のイメージは日本人にはあまりになまなましく、烈しすぎるのだ。……農耕民族の日本人は神に獣や人間を捧げるという感覚は稀薄な民族である。その稀薄な感覚ではイエスが人の罪を背負った生贄となってくれたという考えかたには、あまりに辛く、どうしても距離感をもつのは当然だろう。〉（一〇頁）

このあと遠藤は、イエス処刑について、かくれ切支丹たちによって「変型が行われた」独特の解釈を紹介し、

〈やはり西欧基督教の生贄としてのイエスのイメージが、日本人の宗教観に馴染めなかったのではないか。身がわりの小羊の役としてのイエスを神が受け入れたという考えは理屈としては理解できても、日本人の深層意識ではなかなか実感となりにくいのではないだろうか。〉（一一頁）

と、日本人が西欧の基督教になじみにくい「何か」の筆頭に、この「生贄」＝犠牲――贖罪論的キリスト教を上げています。

ちなみに遠藤は（二）として、

〈西欧基督教における神と人間との存在関係の教義が、日本人の深層心理にはつかみにくい点〉

を、さらに（三）として、

〈ユダヤ教、基督教の神のなかの裁き、罰し、怒りの顔は、日本人の宗教意識には向いていないこと〉

を上げています。

これらも、井上神父が常々問題にしていたことと一致します。それにしても第一の問題として、贖罪につながる生贄思想を上げていることは、重要な問題提起と言わざるを得ません。

○二つの神学のベクトル

思うに贖罪論というのは根底に、厳しい神、怒りの神、父性原理の神が想定されているのではないかと思うのです。

〈贖罪の目的は、原罪に対する神の怒りを慰撫し、神からの離反を克服して救いを得ることにある。〉（『岩波　哲学・思想事典』七八八頁、傍点平田）

今ここでは、原罪ということに深入りしませんが、贖罪論の根底には、罪深い私たちに対する「神の怒り」があり、その怒りは何らかの代償や犠牲を払わなければ済まされない、「慰撫」されないという神の性格が前提されているのだと思います。これは明らかに父性原理の神です。

そして、ユダヤ教から受け継ぐこの傾向の強い西欧キリスト教が日本に入り、武士道と結びつき、道徳主義的イメージを強くしていった、と解釈することもできるのではないでしょうか。

日本人へのキリスト教伝道に、贖罪論につながる生贄思想はネックになるという遠藤周作の主張は、拙著『心の琴線に触れるイエス』（四四頁以下）で取り上げたように、井上神父が「五つの救済論」を検討した結果、「償い理論」や「贖い理論」ではなく、「初穂理論」によって、キリスト教の救いを表現することが、日本人への伝道にとってベストである、と述べていることともつながります。それゆえに、前述したように、井上神父の著作にはほとんど贖罪や犠牲が出てこないのでしょう。

結局、井上神父や遠藤は、イエスの死あるいはイエスの十字架の死の意味を問うとき、日本人の感性からという理由で、贖罪信仰から距離を置くことになります。そのことがかつて一部の牧師さんたちから非難される最大の原因――「井上神父の神学はイエス教であって、キリスト教ではない」など――となったのだと思われます。

一方、青野太潮氏は、贖い一辺倒のキリスト教に対して、贖罪論より「十字架の神学」にこそ、パウロの、またイエスの示した福音の真骨頂がある、と主張します。

このように、井上アッバ神学と青野神学の切り込み方には違いがあっても、どちらも西欧型キリスト教の強い贖罪論的傾向を保留しつつ、母性原理を基調として神学を展開しているということ、この点において二つの神学は同じベクトルを持っていると考えられるのです。このことは、先の『ハンドブック』の遠藤の言葉からも、日本人の神学的方向性という観点から、私たちに大きな励ましを与えてくれるものと思います。

そもそも、「パウロの立場を中心課題として」新約聖書を理解することによって、アッバ神学への決断が得られたという井上神父であってみれば、まさにパウロ研究第一人者の青野氏と強い縁があったということにもなりましょう。

以上のように、青野神学に刺激を受けながら、井上アッバ神学を学ぶにつれ私は、改めてイエスの十字架と死の意味について考えてみようと思うようになったのでした。

九　十字架をめぐって

○井上アッバ神学の十字架

すでに私は、

〈結論から先に言ってしまえば、〝私たちが神の御手に迎え入れられることができるようになったのは、ひとえに十字架の死をも含めたイエスの全生涯のおかげなのである〟……〉（『風のなかの想い』選集8、一七一頁、傍点原文）

という井上神父の言葉を引用し、

〈罪や弱さや特に苦しみにあえいでいる私たちを、全生涯にわたって自ら手を差し伸べ、積極的に担ってくださっているイエスの共苦的＝悲愛の姿勢は、十字架において頂点に達し、それがまるごと復活を通してアッバなる神に受け入れら

れ、神の国へと抱き上げられるのだ〉（『心の琴線に触れるイエス』四〇頁）
と井上神学の救済論を要約しました。

〈そうしたことがもっともよく私たちに語られているのが、イエスさまの生涯、とくに最後の十字架の死ではないでしょうか。最近はキリスト教のシンボルのように考えられる十字架ですが、イエスさまの十字架に静かにそして真剣にむかいあってみたときに、そこから実に深いものが語りかけられ、訴えかけられてくる気がします。〉（選集5、一一一頁）

これは、本書第六章で最後に引用した所から続く、「イエスの孤独な十字架の死が示す栄光」という項の書き出しです。

文中「そうしたこと」とは、死が苦しく寂しい時ではあっても、お借りしていたものを最後全部お返しし、神様の御手にお迎えいただく人生の「完成の時」なのだ、という内容を意味します。したがってここで井上神父は、私たちがそれぞれの「人生マラソン」を終えるとき＝死の意味を明示してくれているのが、イエスの「十字架の死」なのだ、と言っていることになります。

このように、いわば死にがいが生きがいにつながるかどうかということが、今この未曽有の高齢社会において、真剣に問われているのではないでしょうか。私たち日本人キリスト者一人ひとりも、イエスの十字架が語りかけ、訴えかけてくるものを、静かにそして真剣に黙想したいものです。

パウロは史実としてはおそらく、イエスの処刑を目撃してはいないでしょう。生前のイエスを直接知っていた可能性も低いと思われます。しかし、ファリサイ派であったパウロが、周辺のキリスト者を迫害していく中で、イエスの福音に触れていきます。そしてついにはミイラとりがミイラになって、パウロ神学――「十字架の神学」（命名はルター）を打ち立てることになります。

パウロの手紙にあまりイエスの言行が書かれていないことから、パウロはイエスの生涯についてほとんど知らなかった、あるいは知っていても関心がなかったのではないか、という説もあります。とすれば、パウロがキリスト教に回心したのは、あのダマスコの劇的体験（『使徒言行録』九章、『ガラテヤの信徒への手紙』

一章）だけによる、ということになりますが、井上神父も『キリストを運んだ男』などで述べているように、少なくともその下準備となった出来事がいくつかあったはずだと思うのです。その典型がステファノの殉教にパウロが立ち会ったという『使徒言行録』七章五四～八章一節の記事——ルカの文学的脚色があるにしても——です。パウロは、彼らキリスト者の殉教の姿が下地となって、あのダマスコの回心を経験することになったのだと推測できます。

その過程で、あるいはキリスト者になった後も数年きっと、直接会ったことはないイエスの生涯の意味、とくにあのむごたらしい十字架の意味は何だったのか、を自問したことでしょう。あれこれと考察を重ね、あるいは黙想したに違いありません。まさにパウロこそ、当時だれもが直視できず、目をそむけたくなるようなイエスの十字架に、はじめてまともに「静かにそして真剣にむかいあって」「そこから実に深いものが語りかけられ、訴えかけられてくる」ことを、体験した最初のキリスト者だったのではないでしょうか。私はこのような推測にも、青野神学に接してから確信を持てるようになりました。

こうした経験と祈りのなかでパウロは、あの逆説的な十字架の神学を展開していきます。青野氏は、「信仰義認論は、パウロの十字架理解である」といいます。

○赦しの晩餐

イエスの（十字架の）死――ここ（選集5）では井上神父は、青野氏が主張するように、イエスの「十字架」と「死」を区別してはいないのですが――について神父はまず、人間的な「挫折」と「悲惨」に注目します。

その内容として、十字架に架かる前の「孤独」をあげます。小見出しに「イエスの孤独な十字架……」とあるとおりです。すなわち、何度も十字架の死の覚悟を弟子たちに訴えたにもかかわらず、彼らはイエスに政治的メシアを期待していたために、とんちんかんな反応しか示さない。最も愛した弟子たちのこのような無理解が、十字架に向かうイエスの心を大きな孤独に追いやります。あげく弟子たちはペトロ以下すべてイエスを裏切り、逃げてしまうのですから、その孤独は筆舌に尽くせません。

しかしそうしたなかで行われた、いわゆる最後の晩餐を井上神父は、「赦しの晩餐」と位置づけます。

〈結局、最後の晩餐というのは裏切っていく弟子たちに対して、「おまえたちは私を捨てて散り散りに逃げるだろう、しかし私はおまえたちを見捨てない。ガリラヤで待ってるぞ」という赦しの晩餐なのです。〉（同書、一三頁）

最後の晩餐は、「主の死を告げ知らせる」（『コリントの信徒への手紙一』一一章二六節）ために続けられるミサの原型と考えられますが、ここには遠藤周作と同じように、弟子の裏切りという具体的な罪に対するイエスの赦しを見る、という井上アッバ神学の特徴がうかがえます（『すべてはアッバの御手に』一三二頁以下）。そして、この「裏切り」という罪の具体性は、弟子たちに実感をもって罪を意識させたのはもちろんのこと、そうした歴史的個別的な「罪（々）」に留まらず、パウロの視点について井上神父がいうところの「唯一根源的な」――青野氏いうところの「分割できない」罪をも、包括的に象徴しているのだと思います。

なぜならば、裏切りという具体的な行為の根底には、必然的に人間に普遍的な弱さがあり、エゴイズムがあると考えられるからです。したがって、この最後の晩餐＝赦しの晩餐は、人間の根源的な罪を赦す宣言であったと言えましょう。

　そして注意すべきはここでも、裏切り——罪に対するイエスの赦し宣言は、十字架の死を待たずに、完全に行われているということです。宣言はされたが、完全な赦しは十字架の死において、というのではありません。

○「赦し」とは「見捨てない」こと

　ここでもうひとつ注目すべきことは、イエスが弟子たちと晩餐＝食事を共にしたという行為自体を、赦しとして井上神父が受け取っており、この引用文を含めその前後を見ても、『マタイによる福音書』二六章二八節にあるような、イエスが自らを人々の犠牲として捧げるという贖罪論的言葉には、一切触れていないということです。それを「結局」というひとことで括っているようにも思われます。犠牲というユダヤの供犠的な、あるいは代償的な解釈よりも、イエスが弟子たちを食卓に招いて食事を共にした事実を重視し、それが後の「裏切り」に対して先回りした赦しになっているのです。

さらに特徴的なのは、この晩餐における赦しは、弟子たちを「見捨てない」という、積極的な意味を持っているということです。私たちキリスト者は、贖罪論的かどうかは別にしても、イエスによる赦しということを語るとき、それが具体的に何を意味するかをそれ以上考えていないことが多々あるように思います。なんとなく「私の罪は赦された」という所で安心していることが多いのではないでしょうか。生前のイエスご自身は、赦し宣言とともに、たびたび人々を慰め、励まし、ときに病気の治癒を行いました。すなわちイエスの赦し宣言には、具体的な業が伴っていたのです。

その点井上神父の場合、イエスは最期の時が来たとき、死をこえて「私はおまえたちを見捨てない。ガリラヤで待ってるぞ」といい、弟子たちに対する赦しを、「見捨てない」こと、そして先回りして「待つ」という業として具体的に保証した、と解釈しているのです。

〈おまえたちは私を捨てて散り散りに逃げるだろう、しかし私はおまえたちを見捨てない。ガリラヤで待ってるぞ〉

この言葉を聖書テキストで確認すると、『マルコによる福音書』では最後の晩餐のあと、オリーブ山に出かける途上イエスが弟子たちに、

〈あなたがたは皆、私につまずく。

「私は羊飼いを打つ。

すると、羊は散らされる」

と書いてあるからだ。しかし、私は復活した後、あなたがたより先にガリラヤへ行く。〉（一四章二七～二八節）

と言った言葉に対応します。『マタイによる福音書』二六章三一～三二節もほぼ同様です。『ルカによる福音書』と『ヨハネによる福音書』には同様の言葉はありません。いずれにしろ井上神父は、このイエスの言葉を最後の晩餐＝赦しの晩餐の言葉として、受け取っているということになります。

もう少しくわしく、聖書テキストと井上神父の言葉を比べてみましょう。旧約

聖書の『ゼカリヤ書』一三章七節（七十人訳）の修正引用を含む『マルコによる福音書』一四章二七節、

〈あなたがたは皆、私につまずく。「私は羊飼いを打つ。すると、羊は散らされる」と書いてあるからだ。〉

を神父は、

〈おまえたちは私を捨てて散り散りに逃げるだろう〉

に置き換えていると考えられます。

事実、のちに

〈弟子たちは皆、イエスを見捨てて逃げてしまった〉（一四章五〇節）

のです。

そして二八節、

〈しかし、私は復活した後、あなたがたより先にガリラヤへ行く。〉

を、

〈しかし私はおまえたちを見捨てない。ガリラヤで待ってるぞ〉

と、敷衍しています。ここには『ヨハネによる福音書』一四章一八節、

〈私は、あなたがたをみなしごにはしておかない。あなたがたのところに戻って来る。〉

また、『マルコによる福音書』一六章七節、

〈さあ、行って、弟子たちとペトロに告げなさい。「あの方は、あなたがたより先にガリラヤに行かれる。かねて言われていたとおり、そこでお目にかかれる。」〉

などの反映があるとは思いますが、少なくとも『マルコによる福音書』一四章二八節の原文には「見捨てない」、また「待つ」という明示はありません。

こうして最後の晩餐を赦しの晩餐と受け取り、さらにその「赦し」の内実を「見捨てない」こと、先に行って「待つ」ことと解する井上神父の捉え方を、私は非常に興味深く思います。というのは、この「見捨てない」をキーワードとして、すぐ連想するのが、イエスが十字架にかかり息を引き取るときの言葉、

〈エロイ、エロイ、レマ、サバクタニ（わが神、わが神、なぜ私をお見捨てになったのですか）〉（『マルコによる福音書』一五章三四節）

だからです。

最後の晩餐で、何があっても弟子たちを「見捨てない」（井上敷衍）と断言したイエスは、弟子たちに裏切られ「見捨てられ」（アフェンテス）、挙句に神にも「見捨てられ」（エンカテリペス）てしまうのです。原文の「見捨てる」を意味するギリシア語は別々の語ですが、筋を追って『マルコによる福音書』を読めば、そういう流れになっています。

いわばダメな弟子たちを見捨てないと約束した神の子イエスが、彼らに裏切られ、見捨てられ、「アッバ」（パパ）と呼べる慈父、悲愛の神にも見捨てられてしまうという皮肉、悲惨、悲劇の物語——そのように福音書を読むこともできるのです。

しかし、イエスは復活します。

復活は、弟子たちをけっして見捨てることはないと言ったイエスの赦しのまなざしを保証し、また実はアッバもイエスをけっして見捨てることはなかったということの確かな証明でもあります。

〈神ご自身、「私は決してあなたを見捨てず、決してあなたを置き去りにはしない」と言われました。〉（『ヘブライ人への手紙』一三章五節）

○全裸のイエス

〈さらに私が思うのは、全裸で民衆の前に吊るし上げられるのはすごい屈辱だということです。考えると、そうした孤独と苦悩と屈辱のなかで迎えたイエスさまの死ほどのひどい死に方をした人は、普通まずいないのではないでしょうか。〉（選集5、一四頁）

歴史的にはイエスがかかった十字架は、私たちが見慣れている十字型ではなく、T字型だったということを、私は求道し始めて割合早い時期に何かの本で知りました。しかし私にとってもっと大きな衝撃だったのは、処刑されるイエスの姿が、これまた私たちが見慣れている磔刑図、教会の十字架像のようではなく、その腰には何も巻かれておらず「全裸」であった、ということです。時期は忘れましたが、洗礼を受けてからだいぶ経っていたと思います。私は井上神父に会ったとき、「ちょっと変なことをお伺いしたいのですが……」と切り出して、このことを確かめたのでした。

　まことにおかしな話かもしれませんし、もしかすると一部の人たちからは顰蹙を買うかもしれないのですが、この全裸のイエスの十字架、ということを知ったとき、私の信仰の持ち方が少なからず変わったように思います。イエスを「神の子」と讃える、後の信者たちが、せめて腰布を……と考えたのは自然の人情だし、信仰の真実とも言えるかもしれません。しかし事実はそうではなかった。

　私にとってこの事実は、井上神父が指摘する、イエス自身の「孤独と苦悩と屈辱」の極みを実感させるものであると同時に、イエスがそのような「ひどい死に方をした」からこそ、そのどん底から私たちのあらゆる生と死を救い出し、アッバの御手に運んでくださることがおできになるのだ、という信仰を新たにするものだったのです。

○十字架と共に

『心の琴線に触れるイエス』で、罪と苦しみという問題を考えるきっかけとして私は、井上神父と佐古純一郎氏の対談を引用しました。そのなかで十字架の意味について、二人は次のように語っています。その一部を再掲します。

〈佐古　……イエスはいったい何で殺されてしまったかということになっちゃうと、イエスをあんな苦しみに遭わせたのはおれじゃないかというところへ出てきて、やっぱり罪の、「わたしはなんと惨めな人間なのでしょう」という問題が出てきているんですな、私なんかは。

井上　私はね、むしろ、イエスの十字架というのは私たち一人一人の人生の苦しみをそこでいわば mitleiden して（共に担って）くれたという感じです。これからの私たち一人一人の苦しみというものを、あそこにおいてイエスはすでに受け取って、神様のもとにさし出してくださっているんだという感じです。

佐古　そのことは、まったくそうですわ。

井上　だから、「惨めな」というか……。もちろん、私たちのために死んでくださったというのはあるわけですけれども、そのときのニュアンスの置き方ですかね。例えばパウロとヨハネを並べると、パウロは、ユダヤ人に対してだと思うのですけど、もっぱら犠牲とかそういう面を強調しますね。ヨハネの場合は、むしろギリシャ教父たちが言うように、こちらに来てくださって、みんなをぞろぞろと愛で包んで、また向こうに戻ってくださったという感じがありますよね。だから、私はそっちのほうがどうも考えやすいというのか、何か、私の人生を先につかまえてくださって、これからの死の苦しみを、もうすでに先に一緒に歩んでくださって、もう行ってくださったから、私の人生は保障されているというか、キリストがもっていってくださった。〉（『パウロを語る』一八七～一八八頁）

対談での話し言葉をそのまま文章にしているので、ちょっとわかりにくい部分もありますが、井上神父の言いたいことは明白です。

すなわち、神父にとってイエスの十字架は、罪を贖う「犠牲」としてよりも、私たちが人生の途上で味わう、様々な喜びや苦しみや不安――その最大のものが死への不安だと思いますが――そういうものをイエスが「すでに受け取って」――先取りして、「もうすでに先に一緒に歩んでくださって」いる。それゆえに「私の人生は保障されている」のだ、という絶対的な安心を与えてくれるものなのです。ひとことでまとめれば、私たちがどんなにひっくり返ろうが、人生全体がイエスを通してイエスと「共に」アッバに包容されている、という信仰による安心を、悲愛の頂点としての十字架に見ているのが、井上アッバ神学なのだと思います。

そして私は、十字架のイエスが一糸まとわぬ「全裸」であったという事実は、イエス自らがどん底まで降りて私たちを引き上げてくださる、という「保障」を決定的なものとする象徴のように直観したのでした。つまり、私たちの人生がどんなにひっくり返っても――そのようにしか思えない状況にあっても――けっしてこのイエスの十字架を頂点とするアッバの悲愛の御手から零れ落ちることはないのだ、という確信を与えられたのでした。

人生の喜びも悲しみも苦しみも、すっぽりイエスの十字架を頂点とするご生涯のうちに包容される安心、それが井上神父がなんとしても、私たちに伝えたかった福音だったのではないでしょうか。「全裸」――人類、否、生きとし生けるものが経験したことのない、また今後も経験することがないだろう屈辱と苦痛の中で、「十字架につけられたまま」(『ガラテヤの信徒への手紙』三章一節)今も「呻き」(『ローマの信徒への手紙』八章二六節)つつ、私たちの人生のあらゆる時と場面に「つきそい」(風の家の祈り)、「共に」(井上神父の造語「悲愛」の「悲」に込められた意味)歩んでくださるイエス——。

こうした信仰を私は、井上アッバ神学から学び、近年さらに青野神学によって確信するようになったのでした。

○イエス最期の叫び

〈しかし、『ヨハネによる福音書』一四章以下では、イエスさまの悲惨な死がいかに栄光に輝いているものであるかということをヨハネが説明しています。非常に心打たれる箇所です。もちろんそれは、当時のユダヤ教の人たちに「弟子たちにも裏切られて、素っ裸で吊るされて、そして呻いて死んでいったあんなやつを、なんで神の子だ、救い主だなんて言っているんだ、おまえら少し頭がおかしいんじゃないか」と言われたことに対するヨハネの弁論でもあるわけですが、「あの出来事は栄光の時であったのだ」とヨハネは一生懸命繰り返すのです。〉（著作選集5、一四頁）

「素っ裸で」吊るされ、「エロイ、エロイ、レマ、サバクタニ」と「呻いて」、前述のとおり「見捨てられて」死んでいったイエス。今度は、この「呻き」――『マルコによる福音書』におけるイエス最期の「叫び」について考えてみます。

この断末魔の叫びをどう受け取るかについては、拙著『すべてはアッバの御手に』最終章で井上神父の考えを私なりに敷衍しましたが、今ここでは、その人間イエスの惨めな姿、叫びを目の前で見聞きしていたと福音書が伝える、異邦人であるローマの「百人隊長」の言葉に注目したいと思います。

〈イエスに向かって立っていた百人隊長は、このように息を引き取られたのを見て、「まことに、この人は神の子だった」と言った。〉（『マルコによる福音書』一五章三九節）

この節にある「このように」（フートース）とは何をさすのか。素直に読めば、三七節の「大声を出し」たことか、あるいはその前の三四節「大声で叫ばれた」ことでしょう。

三八節には「神殿の垂れ幕が上から下まで真っ二つに裂けた」とあります。ちなみに『マタイによる福音書』の並行箇所を見ると、

〈百人隊長や一緒にイエスの見張りをしていた人たちは、地震やいろいろの出来事を見て、非常に恐れ、「まことに、この人は神の子だった」と言った。〉（二七章五四節）

となっています。『マルコによる福音書』を下敷きにして書かれたと思われますが、『マタイによる福音書』は百人隊長らのイエス処刑目撃者の「神の子」発言を、「地震やいろいろの出来事を見た」ことによる、としています。

成立年代の最も新しいと考えられる『ヨハネによる福音書』はもちろんのこと、三つの共観福音書でさえ、このイエスの最期の記述には大きな違いがあります。とくに『マルコによる福音書』と『ルカによる福音書』を比較するなら、その違いは歴然としています。神に恨み言ともとれる言葉を叫んで息果てる『マルコに

よる福音書』に対して、『ルカによる福音書』は、

〈イエスは大声で叫ばれた。「父よ、私の霊を御手に委ねます。」こう言って息を引き取られた。〉（二三章四六節）

と記述し、

〈百人隊長はこの出来事を見て、「本当に、この人は正しい人だった」と言って、神を崇めた。〉（四七節）

と続けます。「この出来事」が、四四～四五節にある「全地は暗くなり」「太陽は光を失って」「神殿の垂れ幕が真ん中から裂けた」ことを指すのか、あるいはイエスが「大声で叫ばれた」ことをも含むのかわかりませんが、いずれにしろ、イエスの立派さ、神の栄光の顕現によって、「この人は正しい人だった」と、百人隊長に告白させています。

しかし、『マルコによる福音書』に戻って、素直に文脈をたどるならやはり、イエス自身の絶望の叫びを伴った死に様こそが、百人隊長をしてイエス＝「神の子」告白をなさしめたのだ、と読まざるを得ないと思うのです。

〈いまこの【物語における】深層意識的原体験の事実を「真実」という言葉で表現してみれば、物語は歴史的事実を伝えていないかもしれないが、しかしその奥には深い真実が秘められているのである。〉『わが師イエスの生涯』選集4、一三頁）

福音書がイエスの伝記や「事実」に忠実な歴史書ではなく、当時のキリスト者の信仰の「真実」を宣言した書物であり、私たちがその真実――福音に出会うための「実践指導書」（『日本とイエスの顔』）である、という井上神父の立場に立つならば、四福音書の「どれが正しいか？」という問いは、相対化されていくかもしれません。しかし、信者かどうかにかかわらず、一般常識から見れば、『マタイによる福音書』のような異常現象が起こり、『ルカによる福音書』のように、極限の苦しみの中で神への執り成しの祈りや信頼を示すスーパーマンのようなイエスをこそ、「神の子」あるいは「正しい人」にふさわしいと思うのが当然でしょう。青野氏も新約聖書の最初に位置する『マタイによる福音書』の強烈な記述の影響のためか、ある時期までは、百人隊長の告白は、様々な異常現象を見たがゆえのことと思い込んでいたそうです（『「十字架につけられ給ひしままなるキリスト」』コイノニア社、一七一頁他）。

しかし『マルコによる福音書』は、己が運命を嘆き、神に異議を申し立て、不信を露わにした罪人とも言うべきイエス――「このようにして」死んだイエスをこそ、「神の子だった」のだと、異邦人に告白させているのです。改めて考えてみると、これは大変衝撃的なことです。

○罪人イエスとともに

私が毎月一回おこなっている南無アッバの集い・講座「井上神父の言葉に出会う」では現在、井上アッバ神学の「共にいます神」ということをめぐって、ブルトマンの非神話化や聖書の実存的解釈の重要性について話しています。

先回はその関連で、「風の家」三十周年記念集会（二〇一六年十月）で取り上げられた神父の造語「悲愛」と「悲しみ」というテーマに触発されて、井上アッバ神学と青野神学の十字架の意味について次のように話しました。

井上神父はキリスト教で言うアガペーを、日本語聖書でよく使われている「愛」ではなくて、「悲愛」と訳しました。このなかの「悲」というのは、仏教の方で言う「慈悲」や「大悲」の「悲」から連想したといいます。そして大事なことは、これらの「悲」には、単に「悲しむ」というのではなくて、「共に悲しむ」「共に苦しむ」というときの、「共に」ということが含まれているということです。

それで私が思い出すのは、いつだったか、井上神父が講座か講演でもおっしゃたこと、また個人的にも聞いたことがあることなのですが、「人生というのは悲しいものだ」と言うのです。私はこの言葉を最初に聞いたとき、「おやっ⁉」というか、正直ちょっと嫌な感じがしたのです。というのは、私は二十代で教会の門をたたき、神父にたどり着いたわけですが、なぜそういう求道を始めたのかといえば、あのころ自分なりに抱えていたいろいろな問題があり、そうしたことがもたらす「悲しみ」や、生きづらさから何とか逃れたい、楽になりたいと思っていたからです。つまり悲しみの解決を願い、きっとそうしてもらえると期待して神父を訪ねたのに、神父からは、人生はそもそも悲しいものなのだ、と断言されてしまったわけです。
そのようなことを何回か、神父がしみじみと語るのを聞いたのでした。

しかしその後、井上神父に師事して少しずつ学んでいくにつれ、このように身も蓋もないと思った人生の悲しみの問題が、実は神父がいう「悲愛」（アガペー）ということと密接に結びついていることに気がついていきました。

記念集会の座談会では、「必ずしも悲しみがいやされること自体が、救いではないのではないか」というような意見も出ました。

私はこれをきっかけとして、その後もこの「悲しみ」について改めて考えてみました。するとまず浮かんだのが、青野太潮先生がおっしゃっているイエスの「逆説的な福音」ということです。すなわち、『マタイによる福音書』の山上の、あるいは『ルカによる福音書』の平野の説教として伝えられているイエスの言葉――「悲しむ人々は、幸いである」（『マタイによる福音書』五章四節）、「貧しい人々は、幸いである」（『ルカによる福音書』六章二〇節）という逆説の福音です。

これらは古来、いろいろな解釈がなされてきました。たとえば、『ルカによる福音書』の「貧しい人々……」を『マタイによる福音書』が「心の貧しい人々……」とし、日本の『共同訳』のようにこれを、「ただ神により頼む人々……」と解するなどといったようなことです。しかしどれも十分に説得的ではないように思います。

それは、これが「逆説」であり、逆説というのは本来合理的に十分には説明できないものだからです。逆説が真理とわかるのは、経験的事実を重ねていったときだと思います。辞書で「逆説」を引くと、その例として「急がば回れ」というのがあげられています。これもあれこれ考えを重ねた結果として真理だとわかるというより、たくさんの人が経験して、「ほんとうにそうだなあ」と納得したことによって、定着していったのだと思います。

この点は、井上神父のベルクソンとの邂逅以来の「体験主義」や「信仰の神秘」への言及に通底するものがあります。ベルクソンの影響を強く受けた井上神父は、頭でイエスの語った真理「について知る」だけではだめで、ほんとうに真理「を知る」ためには、体験しなければならず、その意味で「新約聖書は実践指導書（ガイドブック）」である、と言っています。私は、先ほどの座談会で出た「悲しみは必ずしも癒されることが救いではないのではないか」ということも、イエスのこの説教の逆説――「悲しむ人々は幸い」ということに通じるのではないかと思ったのです。

青野太潮先生の御説を参考にさせていただくなら、このイエスの語った福音の逆説は、十字架においてイエスご自身が身をもって証しすることになります。ご存知のように、『マルコによる福音書』によればイエスは十字架上で、あの有名な、不可解な、一見「神の子」らしくない、絶望の叫びをあげて息を引き取ります。

〈わが神、わが神、なぜ私をお見捨てになったのですか〉(『マルコによる福音書一五章三四節)

これも古来さまざまに解釈されてきた箇所です。『ルカによる福音書』や『ヨハネによる福音書』は、この叫びを「神の子」らしい威厳とやさしさに満ちた辞世の言葉に換えた節もあります。史実は、単に大声を上げられただけかもしれません。井上神父は、死にゆく人の断末魔の意外な叫びだけをあまりにも重視するのは、イエスさまに「失礼」である、といった見解を持っていました（拙著『すべてはアッバの御手に』第一〇章参照）。しかし私はこの箇所に関しては、青野先生の御説を支持しつつ、私の思うところを述べてみたいと思います。

　この箇所のショックな点は、まずイエスを「神の子」と告白する福音書にはふさわしくないと思われるイエスの叫びを（おそらくあえて）載せていることです。すなわち、イエスが「アッバ」（パパ）と呼んで絶対の信頼を寄せていたはずの神に向かって、「自分は一生懸命アッバの御心にそって忠実に生きてきたではありませんか。それなのに最後の最後で、どうして私を見捨てたのですか⁉」と、アッバに嘆きとも、疑問とも、不信ともとれる抗議をしているということです。

　しかも『マルコによる福音書』は、この十字架の目撃者である（ユダヤ人から見れば不信仰者の）異邦人、ローマの「百人隊長」の口を通して「神の子」宣言をしているのです。つまり、アッバに不信の罪を犯した――自ら罪人となったイエスを、不信心な異邦人こそが、「神の子」と見抜いたとしているのが『マルコによる福音書』なのです。

青野氏は、信仰義認論はパウロの十字架解釈だ、と言います。おそらくイエスに会った事もなく、また十字架の事件に立ち会ってもいなかったであろうパウロは、あのダマスコの回心を含めての前後、イエスの十字架刑死の意味について思い巡らし、よく考えたことでしょう。そうして得た結論は、イエスの「十字架」は、直接的には「愚かさ」や「弱さ」や「つまずき」や「(律法による)呪い」を意味するが、しかしそのようにして生きて死んでいったイエスをこそ、神アッバは「よし!」「しかり」とし、復活させたのだということ。すなわち、十字架は「愚かさ」「弱さ」「つまずき」「呪い」でありつつ、同時に真の「賢さ」「強さ」「救い」「祝福」をも、逆説的に意味しているのだということなのです。

『ローマの信徒への手紙』四章五節では、「不信心な者」をそのまま無条件無制限に義とする神アッバが語られています。

〈不信心な者を義とされる方を信じる人は、働きがなくても、その信仰が義と認められます。〉(新共同訳)

〈不信心〔で神なき〕者を義とする方を信じる者にとっては、業を為すことの

ないままで、その人のその信仰が義とみなされるのである。〉（岩波訳）

ここには、イエスの十字架や死を罪の贖いと信じれば救われる、ということは一切言われていません。「不信心な者を」そのまま「義」とする――「よし」とする、神が受け入れてくださる、ということが大前提になっている。そのうえで、何も「働きがなくても」そういう神さまを「信じる」＝信頼する、受容するとき、その信頼がさらに「義と認められる」と言っているのです（『「南無アッバ」への道』三一二頁以下参照）。六節以下で例にあげられるアブラハムやダビデについても、イエスの死による贖いを通しての義ということではまったく言われていない。

そしてイエスは、『マタイによる福音書』五章のような逆説的福音を説きつつ、十字架において絶望の叫びを上げ、自ら「不信心な者」「つまずく者」「罪人」となられた。「このように」して死んだイエスをこそ神・アッバは、太古の昔からの御心――無条件無制限の赦し原則のとおり、「よし！」「しかり」「義」とし、復活させたのです。青野氏は言います。

〈すなわち、決定的な救いの出来事としてのキリストの十字架の死は、まさに「弱さ」「愚かさ」以外の何ものでもないのであり、しかもそれこそが、弱く罪深く、そして神なき者が、ただ信仰によってのみ義とされるというパウロの教えに表わされているように、真の救いなのだということである。〉（『「十字架の神学」の成立』一八頁、傍点原文）

あるいは、「荒井献氏への批判的対論」のなかでは、次のように述べています。

〈いずれにしても、ここ【『ローマの信徒への手紙』八章三節】でイエスが「罪」あるいは「罪の肉と同じさま」における存在、すなわち「罪人」と考えられているということの中には、あの十字架の最期において神を疑い、彼自身の上に生起した不条理ゆえに神に抗議するという意味での「罪人」イエスという捉え方の反映はないであろうか。つまりイエスの十字架上の絶叫を凝視することに通ずる捉え方がないであろうか。しかし神は、まさにこの「罪人」イエスをこそ、救済をもたらす者とされたのだ、というのが、パウロの逆説なのではないのか。〉（同書、

二七三頁）

井上神父から学んだ、先の「全裸のイエス」。そして青野氏から学んだ、この「罪人イエス」――どん底まで落とされ、「罪人」となられたイエスこそ、われらを救う方――これほど逆説的で、かつ慰めに満ちたメッセージはありません。

教会にはふつう、

〈この大祭司【イエス】は、私たちの弱さに同情できない方ではなく、罪を犯されなかったが、あらゆる点において、私たちと同様に試練に遭われたのです。〉（『ヘブライ人への手紙』四章一五節、新共同訳）

と伝えられています。イエスの生涯には徹頭徹尾「罪」がなかった、それ以外は私たちと同じだった、そのような「神の子」であるから罪人である私たちを救ってくださるのだ、というのが正式な教会の教えでしょう。

しかし、右に引用したように、イエスを「罪深く、そして神なき者」すなわち「罪人」イエスとして捉えるというのはタブーなのでしょうか？「なぜ私がこんな目に遭わなければならないのですか」と叫んで、嘆いて、自ら「不信心な者」

となられた人間イエス。その「罪人」の頭をこそ、アッバは「無条件・無制限に赦し」、「よし!」として復活させた。こうして罪の極みまで私たちと「同様に」なり、今も「十字架につけられたままで」「呻き」つつ「共に」いてくださるイエス。

こうしたイエスこそ、井上神父が言う所の「悲愛」の頂点――十字架において、私たちを救ってくださるイエス、と言う信仰告白につながるのではないでしょうか。それはアッバにとって、イエスという「作品」における御業の完成でもあります。

私たちも、アッバが大事にしてくださった「作品」――人生の完成をめざして、このようなイエスと共に、イエスにならい、弱さと罪深さのなかで、呻きつつも「南無アッバ」の心を持ちつづけること、それこそアッバが私たちに望んでおられる生き方なのではないでしょうか。

―――

○神中心主義

〈『ヨハネによる福音書』は、死に瀕する十字架上のイエスさまがおっしゃった最後のお言葉は「成し遂げられた」であったと記します。このお言葉は、日本語訳で受身形で記されるように、原文でも受身形になっています。つまり、イエスさまの十字架上の死は、イエスさまがご自分に与えられた役割、すなわち人類の救いという役割を果たし終えられた時なのだということでもあり、またそれ以上に、神様、おん父、アッバがご自分の業を御子イエスさまにおいて完成された時なのだ、とヨハネは言っているわけなのです。〉（選集5、一四頁）

〈三時にイエスは大声で叫ばれた。「エロイ、エロイ、レマ、サバクタニ。」これは、「わが神、わが神、なぜ私をお見捨てになったのですか」という意味である。〉（『マルコによる福音書』一五章三四節）

〈三時ごろ、イエスは大声で叫ばれた。「エリ、エリ、レマ、サバクタニ。」これは、「わが神、わが神、なぜ私をお見捨てになったのですか」という意味である。〉（『マ

タイによる福音書』二七章四六節）
〈イエスは大声で叫ばれた。「父よ、私の霊を御手に委ねます。」こう言って息を引き取られた。〉（『ルカによる福音書』二三章四六節）
〈イエスは、この酢を受けると、「成し遂げられた」と言い、頭を垂れて息を引き取られた。〉（『ヨハネによる福音書』一九章三〇節）

これら、イエスが十字架上で口にしたと伝えられる最期の言葉について考えてきましたが、ここで井上神父は、四福音書のうち最も新しいとされる『ヨハネによる福音書』では、最後の言葉が「成し遂げられた」であったということ、そしてそれが「受身形」であることに注目します。すなわち、「完成させる」「成就する」を意味するテレオーの受動態テテレスタイ（三人称・単数・現在完了）というギリシア語です。

ちなみにこの少し前、
〈この後、イエスは、すべてのことが今や成し遂げられたのを知り、「渇く」と言われた。〉（一九章二八節）

の「成し遂げられた」も同じ動詞の受身形が使われています。

井上神父は、『ヨハネによる福音書』一九章三〇節が受身形であることから、イエスは十字架の死においてアッバから与えられた「役割」――使命を果たし終えたということ、そしてこれをアッバの方からみれば、「ご自分の業」をイエスにおいて――イエスを通して完成したことでもあるのだ、と述べています。

これらのことから、イエスがこの世において果たすべき役割・使命・仕事はすべてアッバから与えられたものであり、十字架の死をも含めたイエスの生涯の主導者はあくまで御父なるアッバであること。そしてその生涯が外から（あるいは人間イエス本人からでさえ）不完全に見えるようなことがあったとしても、主導者たるアッバから見れば「ごくろうだったね。よくやってくれたね」と言われるような――死をもって完成される――ものなのだということ。さらに、その完成をアッバも御自身のこととして喜んでくださっているのだ、ということが了解されるのです。

つまり、井上神父は『ヨハネによる福音書』一九章三〇節の受身形に注目することにより、神＝アッバ中心主義を読み取っているわけです。

『ギリシア語新約聖書釈義事典Ⅲ』（教文館）は、次のように解説しています。

〈テレオーは『ヨハネ福音書』においてのみテテレスタイという【受身】形で現れる（一九・二八、三〇）。最後の言葉としてイエスは「成し遂げられた」「終わった」と語る（三〇節）。なぜならイエスはすべてが、即ち父から委ねられた業が、完成したことを知っているからである。……イエスは自分に属する者たちを最後の結末まで愛するのである。……成し遂げられた業において父と子は栄光を受ける。このように、テテレスタイはイエスの死を神の勝利と解釈するこの福音書記者の神学的意図に対応する意味深長な表現なのである。〉（三九〇頁、傍点平田）

以前私は、アッバなる御父と御子イエスとの関係を、父＝子となる「直結構造」的な北森神学に対して、井上アッバ神学は「包括構造」であるということを指摘しました（『心の琴線に触れるイエス』五四頁）。井上神父が好んだ十字架像に、「十字架のヨハネ」の手になる、十字架を上から見下ろした絵があります。この作品に象徴されるように、井上アッバ神学は、父なる神が子なるイエスを包み込む——神が主となり子が従となる「神中心主義」的傾向が強いといえましょう。

このようにみてくると一九九九年の春、井上神父の口をついて出た言葉が、「南無イエス」ではなく「南無アッバ」であったということも興味深く思えます。

アッバ　アッバ　南無アッバ

イエスさまにつきそわれ……

神父にとってイエスは、遠藤周作と同様、なによりも「同伴者イエス」であり、私たちは彼に「つきそわれ」、父なるアッバに向って「南無アッバ」と共に唱え、共に歩んでくださる方だということです。

少し補足すると、テレオーと同義のテレイオオーを原形とする動詞が『ヨハネによる福音書』には、

〈イエスは言われた。「私の食べ物とは、私をお遣わしになった方の御心を行い、その業を成し遂げる（テレイオーソー）ことである。〉（四章三四節）

〈父が私に成し遂げる（テレイオーソー）ようにお与えになった業、つまり、私が行っている業そのものが、父が私をお遣わしになったことを証ししている。〉

（五章三六節）

〈私は、行うようにとあなたが与えてくださった業を成し遂げて（テレイオーサス）、地上であなたの栄光を現しました。〉（一七章四節）

などに出てきますが、これらはすべて受身形ではなく、神の業――使命を自ら積極的に果たそうとするイエスを主体にした記述になっています。

さらに調べてみますと、件の『ヨハネによる福音書』一九章二八、三〇節と同じ動詞テレオーの受動態が『コリントの信徒への手紙二』一二章にも出てきます。

〈ところが主は、「私の恵みはあなたに十分である。力は弱さの中で完全に現れるのだ」と言われました。だから、キリストの力が私に宿るように、むしろ大いに喜んで自分の弱さを誇りましょう。〉（一二章九節）

この「完全に現れるのだ」と協会共同訳で訳されたテレイタイ「完全にされる」は、テレオーの受動態です。これを踏まえてこの部分を少し掘り下げてみましょう。

「力は弱さの中で……」というとき、ここでの「力」（デュナミス）は後段から「キリストの力」という意味に解釈できます。そしてその力が受け身として働く――「完全にされる」とはどういうことでしょう。「私の恵みはあなたに十分である」と言いつつキリストの力が完全にされるというなら、その力を完全にする使役主体はキリストではなく別の方――御父であるということになりましょう。そしてその力が働く「場」（エン）が「弱さ」（アスセネイア）なのだというのです。パウロに言わせれば、まず弱さの骨頂である十字架においてこそ、アッバからのキリストの力が逆説的に発揮されるのであり、そのキリストに連なるパウロや私たちの弱さをも喜ぶべきものとなるのです。

このようにパウロにも神中心主義の傾向が見られます。この点についても私は青野神学から多くのことを学びました。たしかに、まず十字架の悲惨さに目を向ける「十字架の神学」のパウロと、イエスの十字架の死を主の栄光に直結させるヨハネとは多くの点で異なりますが、井上神父が注目した『ヨハネによる福音書』一九章の件の箇所に関しては、神アッバが主人となり、イエスがその業を成し遂げるための忠実な手足となり、場となる、という捉え方――神中心主義において、パウロとヨハネは響き合っています。

○「水晶」から「窓ガラス」へ

〈ちょうど窓ガラスがこわれなければ、外を吹いているそよ風が部屋のなかには入ってこないように、イエスさまがご自分をこわし、十字架上で死んでくださらなければ、暗い部屋に光を導き入れ、私たちの心の闇に希望と喜びの光をもたらしてくださることもなく、「アッバの息吹」「御御風《おみかぜ》さま」が私たちをあたたかく包み込んでくださることはなかったのです。つまりそこにイエスさまの十字架の死の深い、深い意味があったのです。〉（選集5、一五～一六頁）

井上神父の言葉に接したことのある方にはおなじみの、いわゆる「窓ガラス」のたとえです。私が神父に出会った頃は、よく「水晶」にたとえて、「イエスさまは、いわば水晶のように、百パーセントアッバの御心をそのまま映し出す方だった……」という言い方をしていました。

いつ頃「水晶」から「窓ガラス」にたとえが変化したのか、あるいは多用するようになったのかはわかりませんが、内容的な理由を私なりに推測してみますと、ポイントは「水晶」と「窓ガラス」の〝硬度〟ではないかと思うのです。科学的には硬度即強度ではありませんが、言葉のもつ一般的なイメージとして、水晶(玉)より平らな(窓)ガラスは壊れやすいものでしょう。

右引用文の直前で井上神父は、「私を見た者は、父を見たのだ」(『ヨハネによる福音書』一四章九節)という聖句を引きながら、現代人にわかりやすいようにアッバを「外の光」、イエスを「窓ガラス」に見立てて、この二者の性質と関係について語っています。それを整理すると次のようになります。

①「室内」「部屋」(この世)にはどんなすばらしいものがあっても、「外の光」(アッバの赦しのまなざし)を中に入れることはできない。

②しかし「透明なガラス」でできた「窓ガラス」(イエス)だけは、部屋の一部で(万物とともにこの世に)ありながら、外の光を部屋の中に入れることができる

――アッバの赦しのまなざしをイエスだけは私たちに届けてくれる。

③また、私たちが窓ガラスを見るときは、窓ガラスと同時に外の光や景色を見ている――私たちがイエスを見るとき、同時にアッバや神の国を見ていることになる。

このように、キリスト教の正統教義とされるイエスの神人両性を含む信仰内容が、この「窓ガラス」のたとえに見事に「現代風に」表現されていることがわかります。

そのうえで右引用文では、窓ガラスが「こわれなければ」そよ風が部屋に入らないように、アッバの赦しのまなざしを私たちの心に「直接」運び入れるためには、「イエスさまがご自分をこわし、十字架上で死んでくださらなければ」ならなかったのだ、と述べているのです。

このように「窓ガラス」のたとえでは、イエスを通してアッバの御業が完成するためには、どうしても十字架の死が必要であった――ガラスはこわれなければならなかったことが重視されています。とすれば、「水晶」より壊れやすいイメージのある「窓ガラス」の方が、より説得的なたとえとなるのです。

これは、従来の教義表現で言えば、イエスの十字架の死による「犠牲」とか「身代わり」「贖い」ということになりましょう。しかしそのように表現されるときの贖罪論的な感性が、ユダヤ的背景を持たない日本人には、なかなか実感しにくい、ということを先に見た遠藤周作や井上神父は訴えてきたのでした。

それに比べると「窓ガラス」のたとえは、「贖罪」や「犠牲」といった重苦しい言葉を使わず、「アッバの息吹」や「希望と喜びの光」が強調されており、それらが日本人の感性に訴えるのだと思います。これは、神父がかねがね主張していた救いの「初穂理論」的理解にもつながります（選集8、一七九頁など）。井上神父に出会った多くの人をして「窓ガラスのたとえは**わかりやすい**」と言わしめている理由は、この辺りにあるのでしょう。

そして、この死によって「守導者」たる「おみ風さま」（どちらも井上神父の造語）――「聖霊」が弟子たちをあたたかく包み、彼らを回心に導いていったのでした。

「勧善懲悪の神ヤーウェ」から「赦しの神アッバ」へ、という弟子たちの神観の大転換をもたらした「イエスの赦しのまなざし」。それが弟子たちの「深層意識にくいこまされ」るためには、どうしてもイエスの十字架の死が必要だったのです。「そこにイエスさまの十字架の死の深い、深い意味があったのです」と神父が言うゆえんです。「水晶」から「窓ガラス」のたとえへの移行は、「こわれる」こと、すなわちイエスの十字架の死を井上神父が特段に重視していることの証左と言えましょう。

さらにその「死」について、次のようにも述べています。

〈イエスさまが十字架上で、孤独な、苦悩にみちた、屈辱的な死をおひきうけくださったことによって、アッバの息吹が、私たち生きとし生けるものの生命の根底をさわやかに吹きぬけるようになったのです。〉（選集5、九四頁）

二〇〇六年、「風の家」二十周年を記念する「風」特別号で井上神父は、新しい「在世間キリスト者の求道性」として、「南無アッバ」の祈りをすすめています。その前段として右のとおり、イエスの死が、十字架上で、孤独な、苦悩に満ちた、屈辱的な死であったからこそ、「アッバの息吹」——無条件の赦しのまなざし、おみ風さま——聖霊が、私たちに注がれるようになったのだ、と明確に述べています。

※「お守り札」とは、井上神父が一遍上人のお札配りにならって、二〇〇六年「風の家」二十周年記念のミサから配り始めたお札。祈りを込めて書いた「南無アッバ」の小さな木札が手作りの袋に入っている。（選集5「一遍上人のお札くばりから『南無アッバ』のお札くばりへ」参照）

○お守り札の効用

〈そのようなときでも「お守り札」を枕もとに置いてくださるだけで、パウロが『ローマの信徒への手紙』八章で言っているように、アッバの「おみ風さま」は、私たちの弱さを助けてくださり、イエスさまも、ご自分の背負われた十字架の苦しみに、私たちの苦しみをとけこませ、私たちの代わりに祈ってくださると信じます。〉（選集5、三五頁）

「そのようなとき」とは、「大手術」の後や「死」直前の「苦しみ」「不安」などを噛みしめているとき、すなわち私たちが極限状態に置かれたときのことです。

ここでは、そのようなときにも井上神父が確信することとして、三つのことが述べられています。それは、①お守りの役割、②聖霊の働き、③イエスの働きです。

①お守りの役割

「南無アッバ」のお守りについて語るこの文章（「風」七二号）では全体として、病気の治癒などいわゆる「現世利益」を否定しています。しかしお守りによる、この祈りの現世的効用は否定していません。すなわち、苦しみは「受け入れる人の心の持ち方によってずいぶんと変わる」という、神父自身の経験をもとに、〈この「お守り札」は、あくまでもアッバのくださる苦しみ、喜び、哀しみ、そういったすべてを魂のやすらぎのうちに受け入れることのできる心をお願いするものです。〉（同）

と述べているとおりです。

つまり、自己中心的に自分の都合がいいように状況を変えてもらう、ということが「現世利益」だとすれば、そうではなく、今が「苦しみ、喜び、哀しみ」などのような状況にあっても、「すべてをやすらぎのうちに受け入れる」ように自分を変えていただくという意味での効用です。生前、井上神父が宗教の役割として強調していた自己相対化――「逆主体的段階」への祈りということです。

②聖霊の働き

『ローマの信徒への手紙』には次のようにあります。

〈霊もまた同じように、弱い私たちを助けてくださいます。私たちはどう祈るべきかを知りませんが、霊自らが、言葉に表せない呻きをもって執り成してくださるからです。〉（八章二六節）

「呻きをもって執り成す」方＝聖霊＝「おみ風さま」が「弱い私たちを助けて」くれる。それは、「『お守り札』を枕もとに置く」ことによる。しかもそれ「だけで」と言い切っているのですから、あたかもお守り札がおみ風さまを呼び起こすがごとくです。ここにもお守り札の効用を認めていることがわかります。お守り札が救いの道具になっている、という言い方は語弊があるかもしれませんが、要はそれだけ井上神父のなかで、自力に頼ろうとしない「南無の心」――自己相対化――お任せの心が強いということなのだと思います。

③イエスの働き

そして十字架のイエスの助力に言及します。

まず、「イエスさまも」と言っているのですから、②同様、ここでもイエスの祈りはお守り札によって呼び起こされる、ということになります。

第二に、その祈りは「十字架」のイエスの祈りだということです。青野太潮氏が指摘するように、パウロによれば復活して現存するイエスは、「十字架につけられたまま」の姿です（『コリントの信徒への手紙一』二章二節、『パウロ　十字架の使徒』一一五頁他）。このことは、②で引用した『ローマの信徒への手紙』の霊の「呻き」とも符合します。

第三に、このイエスの助力の仕方は、神父の表現によると、自らの「十字架の苦しみに、私たちの苦しみをとけこませる」というやり方です。

キリスト者の間ではしばしば、

〈私は苦しみをキリストの十字架に合わせ、私自身と人々の罪を償います。〉（『カ

トリック祈祷書　祈りの友』「病気の時の祈り」）

というような言い回しを聞きますが、「とけこませる」という表現はあまり聞いたことがありません。そう言われてみれば、苦しみを「合わせる」より「とけこませる」という表現の方が、共苦の連帯感、一体感、内面化は一層強いように思います（『心の琴線に触れるイエス』八四頁以下「聖徒の交わり――連帯の神学」参照）。しかもその助力は、おみ風さまと同様、イエス＝あちらさまが主体となってなされるのです。

そしてなによりこの言葉遣いの妙は、井上神父の「遺言」（『「南無アッバ」への道』三四一頁）にあった提言の一つである「汎在神論」に通じる表現であるということです。

〈〝絶対他者としての超越神〟としてだけではなく、同時に〝すべてを包み込んでいてくださる神〟……汎在神としての神をも同じように認める必要がある……。

太陽からでてくる光は、あたたかな春の日ざしとして、また秋の夕暮のしずかなたそがれとして、生きとしいけるものをやさしく包みこみ、生かしてくれている……。

この灼熱の太陽とおだやかな日ざし、すなわち神の本質とエネルゲイア（はたらきといってもよいかもしれません）はその根元において一つであり、決して別のものではない……。キリスト教は決して汎神論ではないけれども、本質とはたらきを断絶する超越一神論ではなく、汎在神論《パンエンテイスム》と呼ばれるべきものなのだ……。〉

（選集5、一四三〜一四四頁）

私たちが神を理解するために汎在神論を推奨する、右の井上神父の弁には「とけこます」という言葉は出てきませんが、「すべてを包みこんでいてくださる神」は、「生きとしいけるものをやさしく包みこみ、生かしてくれている」「光」――「春の日ざし」、「秋のたそがれ」、「おだやかな日ざし」のような方なのだと言っています。とすれば、この「光」が生きとし生けるものを生かすために、私たちを外側から包みこむだけでなく、内面にまで浸みこんで変容させる――「とけこます」という表現は、そのイメージを巧みに言い当てています。

ちなみに、『岩波キリスト教辞典』では「汎在神論」を次のように説明しています。

〈万有内在神論（panentheism）：神の存在が全宇宙を包括し、その中に浸透しているとする思想。それゆえ宇宙のあらゆる部分は神の内にあるが、逆に神は宇宙全体に尽きない超越的存在であることを認める点で、宇宙と神とを同一視する汎神論とは明確に異なる。〉（九一三頁、傍点平田）

第四に、この場合のイエスの役割は「私たちの代わりに」祈るということ、私たちの祈りの代祷者だというのです。苦しみや哀しみに打ちひしがれて祈ることさえできない私たちに代わって祈ってくれる。もちろん、その祈りはアッバに向けられます。「やすらぎ」を与えてくれる主体はアッバです。イエスはむしろ苦しむ私たちの側に立って、私たちと同じ目線でいっしょに祈ってくれる。こうした所にも「悲愛」＝共苦が強調され、また前述したように、救いにおける井上アッバ神学の神（アッバ）中心主義が表されているのです。

一〇 「南無アッバ」とアッバ讃句

○ふきあがる詩心

井上神父は、一九八六年の「風の家」設立以降の心境の変化を次のように語っています。

〈思い切って「風の家」をはじめたせいか、長い間の呪縛が解かれたようなふわっとした安らぎが心の奥にひろがってきて、生きとし生けるものとの交感が私の中によみがえってきたようでした。それまでおさえこまれていた詩心が一気にふきあがってきて、下手ではありますが次々と私は自分なりの詩のようなものをつくるようになりました。それは詩などとは到底いえないようなものなのですが、そんなことは私にとってはどうでもよいことだったのです。ただただ心の奥からふきだしてくるものをアッバにお捧げする思いだけなのです。〉(『南無の心に生きる』選集9、一四八頁)

これは、「『南無アッバ』に生きる」(初出「南無アッバまで」)と題して、二〇〇一年六月の「風の家」十五周年記念講演をもとに書かれた文章の一部です。このあと「風の家をはじめて五年目【一九九一年】くらいのものです」とことわって、「初冬のささやき」「冬の空」の二詩をあげています。この二つともが『風の薫り』(聖母文庫、一九九七年、選集別巻)に収録されていますが、そのなかでは創作年はそれぞれ、「一九九四年十二月八日」「一九九六年二月一日」となっています。

井上神父は一九九二年に東中野から西早稲田に移っていますから、それ以前のことになるのですが、そのころ私は学校の仕事に忙殺されていて、なかなか「風の家」に顔を出せないでいました。さらに当時の忙しさに拍車をかけていたのは、自由律俳句の「層雲」という、種田山頭火や尾崎放哉を輩出した結社に所属し、編集の一端を任せられたり、青年句会を立ち上げていたからです。九〇年六月に新人賞をいただいたことなどもあって、俳句への気持ちが高揚していた時期です。

たぶん夏休みだったと思いますが、ひさしぶりに東中野にお邪魔して神父ととりとめのない話をしました。

私が俳句をやっているということは井上神父も知っていたからでしょうか、よもやま話のついでに、「最近こんな下手な詩のようなものも作っているんだよ」といって、にこにこしながらいくつかの詩を見せてくれました。そのとき見せられたのがどんな作品だったのかまったく憶えていないのですが、私はそれを見ながら、「そうですね」とうっかり相槌を打ってしまいました。今思い出しても冷や汗ものなのですが——俳壇というのは昔から若い人が極端に少ない。それで若いというだけでちやほやされるのです。そんなことも知らず当時の私は、いい気になっていたのでしょう。一丁前の俳人気取りで、そんな軽はずみなことを言ってしまったのだと思います。

さすがに神父は一瞬顔をこわばらせましたが、しかしすぐにいつものやわらかな笑顔に戻りました。高慢だった私は神父の「詩」の真意――たとえそれが「詩などとは到底いえないようなもの」であっても「そんなことは私にとってはどうでもよい」。「ただただ心の奥からふきだしてくるものをアッパにお捧げする思いだけ」――そのような心に思いを致すことがまったくできていなかったのです。しかしそういう生意気な私をそのまま受け入れてくれた神父の笑顔を今も忘れることはできません。

こうして井上神父は、「風の家」設立後の安らぎの中で、たくさんの詩や童謡を作品化していき、第一詩集『風の薫り』を出版したのでした。この「風の家」を始めてからの一〇年程が、神父の詩作の第一期といえましょう。

私は一九九九年九月発行の「風」五二号から五四号まで、「『風の薫り』を読む」と題して、一文を書かせていただきました。早いもので、あれから二十年になります。私は今、少し黄ばんだその頁を繰りながら、しばし思い出にふけっています。「『風の薫り』を読む」という三回連載の原稿はもともと、先に触れた「層雲」

で私が主宰していた青年句会の会報に載せたものでした。ですからそこからの転載をめぐって、この時期何度か井上神父と電話や手紙やファックスでやりとりをしています。

今そのときの資料を見ると、編集長の山根さんが井上神父の意向を聞きながら、「風」のきめ細かい編集をされていたことや、ずっと井上神父の赤坂でのミサを支えてきた瀬長さん（故人）が、『風の薫り』を上手に朗読してテープにとってくれたことを神父が喜んでいる様子がうかがえます。

連載第一回目で私は、次のように書きました。

〈詩歌集を出すというのは、だれにとってもうれしいことである。井上洋治神父は、初めて詩集を出したのである。しかし、著者自身の、「たんに嬉しいというだけでなく、実に大きな意味を持っています」（「あとがきにかえて」）との弁は、出版による神父自身の個人的喜びを越えて、この詩集が私たち日本人とキリスト教に関して重大な問題提起をしているということを意味しているのである。〉

（「風」五二号、三五頁）

そして拙文は以下、三回（初出時は五回）にわたって、『風の薫り』所収の「願い」（五二号）、「憧れ」（五三号）、「一本の老木」（同）、「ベランダで」（五四号）、「風の家の祈り（一）」（同）、「風の家の祈り（二）」（同）、さらに頂いた色紙のいくつかの詩句などを辿りながら、井上アッバ神学を紹介する形になっています。

私はそこで次のようなことを指摘しました。

①井上神父の詩は全編にわたって、誰にでも読める平易な言葉で書かれているので、親しみやすい。（五二号）

②神父の心の中で、ヨーロッパ近代の「対自然的な人間中心主義」と日本人としての「即自然的な自然観」との葛藤が、「汎在神論」（パンエンティズム）によって乗り越えられたとき、自分の心を素直に作品化できるようになった。（同）

（この点については、拙文を「層雲」に初出したときに頂いた手紙にも、〈『風の薫り』は『日本とイエスの顔』『余白の旅』とは全くちがいますが、またそのちがったところで、私がこめられていると思っているので、正しい評価を

していただいて、まことに嬉しく思っています。〉（九八年九月）と書かれていました。）（同）

③神父は齢を重ねるほど、人生は自分自身を表現するものではなく、アッバが御自分の御業を表現させる「場」なのだ、という確信を与えられていった。（五三号）

④日常言語では表現できない日本人の宗教体験は、日本語の詩や童謡によって最もよく表現される。（五四号）

⑤巻末の「風の家の祈り（一）」「同（二）」の初出は全作品中最も早く（「風」二〇、二一号）、この詩的祈りは井上神父の信仰の中核であり、インカルチュレーションの実践である。（同）

○自然の祈りが聞こえる

〈そのうちだんだんと私には、自然とむきあっていると、その自然の大合唱というか、大合唱の祈りがきこえるような気がしてきました。〉（選集9、一五〇頁）

このように神父は述べて、「ぶなの林の祈り」（一九九七年一〇月）をあげています。井上神父の詩作における第二期は、「風の家」設立から十年をこえた時期となります。

前項②で指摘したように、西欧的な対自然的人間中心主義から即自然的キリスト教への転換が井上神父の詩心を解放したことは確かでしょうが、「風の家」設立後の十年間というものは老年に向っていく神父にとって、様々な試練を与えられた時期でもありました。とくに身体的には左目緑内障の悪化（九二年、九三年入院）、精神的には、日本のキリスト教のためにともに歩んできた「戦友」遠藤周作の死去（九六年）など、こうした大事が神父の詩想にも大きな影響を及ぼしていることは確かでしょう。

呪縛を解かれた安らぎの中で、「生きとし生けるものとの交感」のうちに、神父の内側に潜んでいた日本人キリスト者としての「詩心がふきあがってきて」それを素直に作品化していく営為的な第一期を経て、自然とむきあうことによって自ずから「自然の大合唱の祈り」がきこえてくる受容的段階へと、神父の心が研ぎ澄まされていったのだと思います。

「自然の大合唱の祈りがきこえる」ということは、神父にそれを聞きとれるだけの心の姿勢ができてきたということを意味します。それは、アッバからの内なる声に誘われ、「ただ心の奥からふきだしてくるものをアッバにお捧げ」していくうちに、神父の心がだんだん空っぽになっていったということ。そこに自然の大合唱の祈りを感受する器が用意され、自然——生きとし生けるものの讃美歌が聞こえるようになっていったのです。

この過程は、神父自身が常々強調していた「自己相対化」による「受容のやすらぎ」への道に通じます。科学や哲学に対して、キリスト教に限らずおよそすべての宗教に固有の意味は「受容の安らぎ」である、と神父は繰り返し述べてきました。

〈「宗教の智」は、その対象化しえない「全体の働き」、「根底の場の働き」を、あたまではなく、全身で受けとめることにあり、「科学の知」が「征服のよろこび」であるとすれば「宗教の智」は受容による「安堵のやすらぎ」であると言えると思います。したがって宗教の世界にとっては、この「根底の場の働き」をどうしたら全身で受容でき、どうすれば「安堵のやすらぎ」に到達できるのかということが最大の課題となるわけです。「祈り」という行為がどの宗教においても極めて重要な位置を占めているゆえんがここにあると思われます。〉（「南無アッバ」の献祷のおひろめ、選集5、九八頁、傍点原文）

「宗教の智」は、自然を含めた生きとし生けるものを支える「根底の場の働き」を全身で受けとめることによる「安堵のやすらぎ」にある。そしてそれは、「祈り」において到達可能である、というのです。

井上神父の詩作第一期であふれ出た多くの詩がやがて祈りとなって、安堵のやすらぎへと導かれ、その静けさのうちに自然の大合唱の祈りを聞く耳が与えられていったのだと思います。

〈空を行く雲、小川のせせらぎ、一輪の野の花が捧げる祈りに合わせて、私たちの祈りをあなたの御前で澄んだものとして下さい。〉（風の家の祈り（二））

そして己の祈りによる、否それ以上に「自然の大合唱の祈り」に寄り添われた神父の心は、思わずも「南無アッバ」の祈りへと導かれていきます。

○「南無アッバ」への収れん

先に触れた「風」五二、三号というのは山根編集長はじめ、多くの人たちの協力で現在（連載時）一〇五号まで続いている「風」誌のちょうど中間号に当たります。興味深いのは、この五二号に初めて「南無アッバ」が登場するという一事です。すなわち、「余白の風　アッバ　アッバ　南無アッバ」と題して、この年、一九九九年の五月、けやき並木を散歩中突然、「ふっと自然に次のような言葉が口をついてでてきた」として、井上神父は巻頭エッセイを書いているのです。

〈アッバ　アッバ　南無アッバ
イエスさまにつきそわれ

生きとし生けるものと手をつなぎ
おみ風さまにつつまれて
ただお委せでとなえよう
アッバ　アッバ　南無アッバ〉（三〜四頁）

この言葉こそ、現在まで私たちに引き継がれている「南無アッバの祈り」の始まりです。つまり、これまで「風の家」運動の中心的な場であった「風」誌の号数で言えば、そのちょうど半ばまで来て井上神父は、生涯を総決算する「南無アッバ」にたどり着いた（神父の言葉で言えば「流れついた」）ことになります。そして今日までの後の半分で、途中神父が天に召されつつも、遺産であり遺言である「南無アッバ」を皆で展開してきたことになるのです。

現在の「南無アッバの祈り」は五行目「ただお委せでとなえよう」は削られています。しかし、その他の部分は井上神父存命中もまったく修正されることなく、初出時のまま今の私たちに受け継がれています。ということは、散歩の途中ふと自然に口をついてでてきた言葉ではあっても、神父の中では一つの祈りとして、あるいは詩として後々までも納得できる、完成度の高いものであったということになりましょう。

このことは、前述した拙文「『風の薫り』を読む」の要約⑤で私が指摘したことにも通じます。すなわち、「風の家の祈り（一）」「同（二）」がそれぞれ「風」の一九九一年春（二〇号）と夏（二一号）に掲載されて以来、これまで全く変更されずに祈られ続けてきている、という事実です。

井上神父が「風の家」を始めたのが一九八六年、それからこれらの祈りが「風」に掲載されるまでには五年あります。神父がどの時点で発想し、それがどのように形になり、さらに推敲されていったのかはわかりませんが、ともかく一度発表したものとはいえ、その後亡くなるまで二十三年間、まったく手を加えずに私たちに受け継がれてきたという事実は、「南無アッバの祈り」同様、大きな意味があると思います。なぜなら、これら日本語の祈りが、作られた当初から日本人キリスト者、少なくとも「風の家」運動に携わる私たちにとって受け入れやすい言葉で書かれた詩であったということを意味するからです。「南無アッバの祈り」同様、途中修正する必要のない程その完成度が高かったともいえましょう。

そしてそれらを瞬時に、あるいは短期間に井上神父が完成させたということは、神父の日本語の祈りへの思いが一気に花開いたということを意味するのです。私はそこに、日本の「在世間的求道者」に自然に寄り添える神父のまなざしと、天啓——アッバの御心の働きを思わずにいられません。

「風の家の祈り（一）」「同（二）」は、その後一九九三年に編集室が発行した『「風の家」の祈り』という小冊子（絶版）に、「一日の祈り」として収録されましたが、現在は（二）の方がよく祈られています。

「南無アッバの祈り」に戻ります。

先に触れたようにこの祈り——厳密には初出文で井上神父は「祈りは『アッバ』だけで十分」とも言っているので、この時点では「南無アッバの祈り」はまだ自然に口をついてでてきた言葉なのですが——からは以後「ただお委せでとなえよう」という一行が削除されます。

ふと口をついて出た言葉が詩となり祈りとなっていく過程で推敲され、おそらくは冗長であろうという理由で、すぐ削られたものと推察します。ただこの一行は、「南無アッバの祈り」を初めて聞く人には、「南無」の説明にもなっているのです。「南無阿弥陀仏」「南無妙法蓮華経」などはたしかに多くの日本人には聞きなれた言葉ですが、その「南無」が何を意味するかは、仏教にある程度関心を持っている人でないと、知らないことが多いのではないでしょうか。そういう意味では、この祈りから削除された「ただお委せでとなえよう」は、詩としては蛇足かもしれませんが、祈りとしては無駄な言葉ではないようにも思います。

　いずれにしろ「ただお委せしよう」があるのはこの初出時だけで以後、一九九九年春の「南無アッバ」への境地を語る文章や講演には、削除後の現在の形が使われることになります。

　「南無アッバ」に決定《けつじょう》した井上神父は二〇〇〇年三月、ずばり『南無アッバ』（聖母文庫、選集別巻）と題した二冊目の詩集を刊行します。「南無アッバの祈り」は詩部の最後に「――南無　アッバ――」と題し、「一九九九年五月二十日」の日付で載せられています（別巻一一三頁）。また、この祈りが出て来た経緯を示す文章を「あとがき」（同年初冬、別巻二三五頁以下）として、「風」五二号の初出文を敷衍するかたちで載せています。

とくにこの祈りが口をついて出てきた理由を、

〈このところずっと法然の生涯に傾倒し、その生きざまをおっていたので〉

から、

〈このところずっと法然の魅力にひかれ、その生涯を貫いている精神に感動していたので、〉

と書き換え、そのときの気持ちを改めて振り返り、そのうえで、

〈この祈りが、何か、いまの私の心情のすべてを表現しているように思われるので、昔からのカトリック信者の方には抵抗がおありになるかもしれませんが、あえて今回の詩集の題を「南無アッバ」ということにさせていただきました。〉

という一文を付け加えて、自己分析している様子がうかがえます。

そして第二詩集では、神父の様々な詩作品が「南無アッバ」の祈りへと集約されていくのです。

〈そして今ふりかえると私の拙い詩のようなものは、詩ではなくなって、アッバの祈りにかわっていったように思います。詩集『南無アッバ』の「あとがき」がそう語っているように思えます。〉（選集9、一五一頁）

詩から「南無アッバ」の祈りへの収れん、それが井上神父の詩作を含めた創作活動、ひいては日本人キリスト者、宗教者としての求道生活の第三期、最終段階といえましょう。

右にいう詩集『南無アッバ』の「あとがき」は前述のとおり、「風」五二号の初出文を補足・訂正したもので、内容はほとんど同じなのですが、初出時、

〈アッバ　アッバ　南無アッバ
　アッバ　アッバ　南無アッバ〉

でしめくくっていた文章を、

〈この祈りが、何か、いまの私の心情のすべてを表現しているように思われる……〉（別巻二三七頁）

と書き換えています。

さらに『南無の心に生きる』では、「詩ではなくなって、アッバの祈りにかわっていった」ことを語るこの「あとがき」をさらに要約しつつ、〈……アッバに全てをお委せし帰依するという意味を「南無アッバ」という言葉にこめたいと思ったのです。

……私はこの頃、不愉快なことも、心配なことも、不安なことも、みんなしずかにこの祈りのなかに解消されていく安堵感をおぼえています。

これからはどうなるか全くお委せしかありませんが、とにかく今のところはこれが七十四歳でやっとたどりついたというか、流れついた私の心境です。〉（選集9、一五一〜一五二頁）

と述べ最後に、後述する「アッバ讃句」を載せています。

こうして井上神父は、「南無アッバ」の祈りへと収れんする決定的回心を、繰り返しその時々の言葉で語り直す――ナラティブ（物語り）することにより、これを反芻し、確認していったのでした。

○井上神父の投句

井上神父が二〇〇一年二月に『法然』（選集8）を上梓し、六月に先の「風の家」十五周年記念講演を終えて二か月後——二〇〇一年八月、私はそれまで十年以上続けてきた「層雲」の「青年句会報」を改称し、「余白の風」という名称を使う許可を神父からもらいました。それは、「本会報を、俳句・短歌・一行詩といったジャンルをこえ、短詩系文学全般」によって、「生き方を模索し、道を求める人たちに開かれたものとする」（七一号）という趣旨を明確にするためでした。

そしてこの文学から信仰（宗教）への転換ともとれる私の宣言によって、それまで句作を共にしてきた多くの仲間が私のもとから去っていきました。それは寂しいことではありましたが、ちょうどこのころからインターネットの普及もあって、俳句は初心だけれども、己が信仰をなんらか詠いたいという、新しい仲間が参加してくれるようになったのです。

私はのちに『俳句でキリスト教』（サンパウロ、二〇〇五年）として一冊にまとめることになる「キリスト教俳句探訪」（二〇〇〇年二月から）や、連載「井上神父の言葉に出会う」（同年十二月から）などに力を入れていきました。こうした手探りの求道を試みる度に、井上神父はあたたかな励ましを私に与えてくれたのでした。

神父は「余白の風」をよく読んでおり、具体的な感想も度々聞かせてくれました。しかし、自ら投句してくる、というようなことはありませんでした。ところが、「余白の風」への改称から一年余りが経過したとき突然、次のような手紙と投稿があったのです。

〈秋らしくなりました。
「余白の風」七八号有難うございました。趣のあるいい句がのっていますね。イエスの福音の文化内開花のうえにも、「余白の風」がよい働きをしておられることに感心し、また同時にご発展を祈ります。
小生、俳句なるものは、実に芭蕉にはじまって芭蕉に終わるものと思っていたので、全くつくったことも、ならおうと思ったこともなかったのですが、「南無アッバ」の世界に漂流してきたら、何となく、それらしきもので、南無アッバに生きることを表わしてみたくもなりましたので、定形型ではありませんし、句にもなっていませんが、二、三かいてみますので、えらんでみてください。「余白の風」にのせる価値がなければ、どうぞ遠慮なく、反古にしてください。

○道ばたにタンポポ見つけ
　一緒にとなえる南無アッバ
○十三夜　虫もとなえる南無アッバ
○診察室　ドアをくぐって南無アッバ

（二〇〇二年一〇月、傍点原文、傍線平田）

「余白の風」への投句を私の方から催促したことは一度もありません。それは井上神父が常々この手紙にあるように、「俳句は芭蕉に始まり芭蕉に終わる」ということを言っていたからです。しかし、あのけやきの葉ずれに誘われ「南無アッバ」の祈りに決定《けつじょう》する回心以来、いよいよこの祈り一筋と覚悟が固まっていったこの時期、ついに神父自身から突然、このような投句があったのでした。私の驚きと喜びが大きなものであったことは言うまでもありません。

「『南無アッバ』の世界に漂流してきたら、何となく、それ【俳句】らしきもので、南無アッバに生きることを表わしてみたくもなりました」という心境の変化。それは、俳句とはしかじかのものであると思い定めていた、いわば俳句観の「主我的段階」から、「おみ風さま」の誘いのままに「定型」にも「句にもなっていない」いおのずからなる一句を、素直に表現していこうとする「無我的段階」への変化・移行と見ることができるのではないでしょうか。

神父はかつて、テレジアの祈りをめぐる考察の中で、日本文化における歌（芸術）と祈り（宗教）の違いについて、「今のところ」（一九八八年）とことわって、次のように述べています。

〈私は次のように考えている。即ち、おのずからが、みずからになったとき、そこに歌がうまれ、俳句がうまれ、絵がうまれる。そして、おのずからが、あちらからになったとき、そこに祈りがうまれ、宗教の世界がうまれるのだ、と。〉（『風のなかの想い』選集8、二二二頁、傍点原文）

ちなみに、先の投稿から二か月後、二〇〇二年十二月をもって、井上神父は十年間続けた「聖書講座」を終了しています。満七十五歳になった年です。

○福音のなかの自然の祈り

初めて出句された――これ以後は「余白の風」に投句がないので、最初で最後になるのですが――作品を少し注意して見てみましょう。

「タンポポ」と「一緒にとなえる南無アッバ」、「虫もとなえる南無アッバ」――ここには「タンポポ」や「虫」――人間以外の被造物・自然が、あたかも私たち人間のように祈るということが、はっきりと詠われています。この傾向は、神父の生前発行の三冊の詩集と没後の著作選集別巻に収められた第四詩集『心のせせらぎ』でも明確に読み取れるのですが、このことは井上アッバ神学にとって、ひいては日本のキリスト教にとって大きな意味があると思います。一見何気なく書かれているように見えるこの一言半句に、私は井上神父の確信と決意を読み取るのです。

〈この【風の家の】祈りは「アッバ。利己主義に汚れている私たちの心をあなたの悲愛の息吹きで洗い浄めてください。空を行く雲、小川のせせらぎ、一輪の野の花がささげる祈りにあわせて、私たちの祈りを、あなたのみまえで澄んだものとしてください」という願いではじまります。

この箇所を素直に受け入れて祈ることのできる方も日本人のなかには数多くおられると思いますが、しかし人間中心主義や知性主義を長い間標榜してきた西欧のキリスト教になじんでこられた方のなかには、この「風の家の祈り」の箇所には、かなりの抵抗感を感じてしまう方も多くおられるのではないかと思います。知性を持っている人間だけが「祈り」という崇高な行為をおこなうことができるのであって、鳥だの花だの、まして雲や、小川などが祈れるわけがない。そういうお

気持ちだと思います。〉（『南無の心に生きる』選集9、一一三頁）

このように書き出す文章は、実は一九九六年五月の「風の家」十周年での講演記録です。ということは、前項までに述べた井上神父の詩作段階でいうと、第一から第二に移る頃の話ということになります。つまり、「風の家」をはじめて以来、対自然的な西欧の人間中心主義の「呪縛」から解かれ、湧き上がってきた詩心を作品化していった第一段階を経て、「自然の大合唱の祈り」が聞こえてくるようになる時期の記録ということです。

神父は言葉を続けます。

〈しかし、本当にそうなのだろうか。……鳥や花は、祈ることをしないと言っているのだろうか。これは長い間、対自然的にではなく、即自然的に生きることを文化の基調としてきた私たち日本人にとっては極めて重要な課題だと思うので、いまこの「風の家の祈り」の箇所もまた、イエスの教えに即した福音的なものであることを『新約聖書』の箇所に即して述べてみたいと思います。〉（同書、

一一四頁）

として、旧約聖書の「人間中心的な考え」に対して、まず新約のパウロにおいては「山川草木、在りとし在るもの、生きとし生けるものが、私たちと共にうめき、祈っていてくれる」「人間の友として」受け取られていることを指摘します。

そしてイエスについても、「空の鳥を見よ…」（『マタイによる福音書』六章）「鴉を思い見よ…」（『ルカによる福音書』一二章）で有名な説教をとり上げ、〈全てを神の悲愛の風に委せきって無心に咲いている一輪の野の花は、イエスの目には、あきらかに神の悲愛の働きを、神の国の到来を告げるものだったのです。〉（同書、一二七頁）

と結論づけています。

このようなパウロやイエスの自然観に立つなら、神の国の到来を告げる一輪の野の花が、さらに生きとし生けるものが、私たちと共に「祈る」ということは、けっしておかしなことではない、まさに神の国の到来を告げる「福音的」なものといえるのです。

こうして、汎在神論的キリスト教を主張する井上神父は、旧約の、あるいは西欧の人間中心主義的な神観をこえた万物同根、「万物同キリスト根」のもとに、すべてのものが生かされ、祈っているのだという確信を得たのでした。

　サンドメルや法然に後押しされて一九八六年に「風の家」を設立して以来、詩心が復活し、その十年後、大自然の祈りを聞くまでに心が研ぎ澄まされていったこの時期、神父は講演にあるように、人間ばかりでなく生きとし生けるものが共に祈ることを、新約聖書から確認し、この「風の家の祈り」の冒頭部が福音的であることを確信したのでした。この確認・確信と「自然の大合唱の祈り」が聞こえるようになったこととは、機が熟しての啐啄同時、相互・双方向作用の関係にあるのだと思います。新約聖書によって自然の祈りについて知り、体験によって自然の祈りを知ったのです。

　このあと「アッバ」あるいは「南無アッバ」へと収れんしていく第三段階では、老いの深まりを意識する中で、俳句とは何かなどという観念にとらわれない、自由な「アッバ讃句」を生み出していくことになります。この意味において第三段階に現れるアッバ讃句は、井上神父の中に流れる日本人の血とキリスト教とをエンゲージする即自然的神観を最も簡潔に表現する文学形式であったといえましょう。自然とともに求道する日本人キリスト者として「おのずからが、あちらからになったとき」生まれたのが「南無アッバ」の祈りであり、「おのずからが、みずからになったとき」生まれたのがアッバ讃句であった。それらを率直に表現していこうという決意を井上神父は持ったのでした。

以上のようなわけで、かねてより「風の家の祈り」の、この祈り出し「…野の花がささげる祈り…」が問題視される可能性を、幾たびか神父から聞かされていた私は、一度だけ送られてきた作品——井上神父自ら「アッバ讃句」と命名——を見たとき、大きな感動を禁じえなかったのです。タンポポも虫も、雲もせせらぎも野の花も、生きとし生けるもの、在りとし在るものすべてが私たちといっしょに「南無アッバ」ととなえている、あるいは声にならずとも「南無アッバ」している——。

○アッバ讃句に励まされる

先の投句があった直後、今度は翌二〇〇三年に出版する『南無の心に生きる』の「あとがき」のゲラ刷りコピーが送られてきました。

そこには一センチメートルを三年とすると、すでに二十五センチメートル（七十五年）を生きてきたこと、そして平均寿命まであと一センチメートルしかないことの感慨が率直に述べられています。そして最後に、「アッバ讃句」と銘打って、十句が載せられていました。

朝　目覚め　命なりけり南無アッバ
皿洗い茶碗こわして南無アッバ
烏鳴く洗濯びより南無アッバ
……………

この「あとがき」のアッバ讃句について、神父は遺稿集の中で、「在世間的求道性」

の実現に触れながら、次のように述べています。先に「受容のやすらぎ」という「宗教の智」を説いた「『南無アッバ』の献祷のおひろめ」という文章を引用しましたが、その後半にあたる部分です。初出は二〇〇六年の「風の家」二十周年特別号ですが、遺稿集では若干の語句の入れ替えがある以外、そのまま収録されています。

〈以前、『南無の心に生きる』という本を筑摩書房から出版させていただいたとき、その「あとがき」に、「アッバ讃句」として、いくつかの俳句のようなものを載せました。これらは、もちろん俳句ではありません。ただ俳句の語調をお借りしただけの恥ずかしいようなものなのですが、この讃句を恥をしのんで発表させていただいたのは、在世間の日常生活のいとなみのなかに、「南無アッバ」という、本当に短い献祷ならば、スムーズにとけこんでいって、なんとか「脱世間のとき」と「在世間のとき」とを一つに織り交ぜることができるのではないかということを、この忙しい現代社会に生きておられるみなさまに訴えたかったからなのです。〉（選集5、一〇六～一〇七頁）

実はこの発言のほぼ一年前、私は『俳句でキリスト教』のなかで、この「あとがき」のアッバ讃句を最後にとりあげ、井上神父を紹介した上で、次のように書きました。

〈二十代半ばに遠藤文学から井上神学を知り、その地点から俳句によって求道し始めたわたしにとって、「アッバ讃句」を既成の俳論の範疇で批評することは、見当違いのように思います。井上神父は芭蕉その他に学びつつ、西欧からの借り物でない日本人の求道性（スピリチュアリティ）に根ざしたキリスト教を模索し続けてきました。その果てに、イエスとともに「アッバ」と親しく呼びかけて、神にすべてを委ねるという思いに到達したのです。「アッバ讃句」はその境地を率直に表現した作品と言ってよいでしょう。

わたしはこれらの句の根底にある精神に、今後の日本におけるキリスト教の可能性を垣間見る思いがするのです。〉（二六二頁）

「既成の俳論の範疇で批評することは、見当違い」とは心底に、あの九十年代初期に「風の家」で神父の詩を見せてもらった時の、私の生意気な反応に対する反省もあったかもしれません。しかしそればかりではなく、これらのアッバ讃句に、俳句を始めて以来、それこそ「既成の俳論」あるいは「俳壇」の中で、私自身がもがいてきた古くからの問題に対する一つの解答を見た思いがしたのです。

それはどういうことか――

形式から見れば、アッバ讃句は、五七五定型が多いのですが、中には破調や自由律に分類できるものも混ざっています。二〇〇四年の第三詩集『アッバ讃美』（聖母文庫、選集別巻）には、このことが顕著に表れています。俳句形式を借りてはいても、それに囚われてはいません。「恥をしのんで」でも俳句形式を借りて、日本のキリスト教における「南無アッバ」の可能性を訴えていく。この神父の覚悟と決意に私は圧倒されました。井上神父はアッバ讃句を「俳句のようなもの」、「ただ俳句の語調をお借りしただけのもの」と言っていますが、私はこれらの句や先の「余白の風」への投句を繰り返し味わったとき、初心以来ずっと模索してきた定型か自由律か、有季か無季かといった、いわば俳句の原点的な問いを含む「あれか、これか」の問題が、私の中で氷解していくように感じられたのです。口はばったい言い方ですが、俳句形式の問題が自分なりに吹っ切れたのでした。

定型にしろ自由律にしろ、あるいは季語の問題にしろ、結局私は俳句形式の狭い自己解釈に囚われていたことに気づかされたのでした。先に神父が「余白の風」に初投句してきたことを私は、神父の俳句観の「主我的段階」から「無我的段階」への転換と捉えたのですが、今度は私自身が神父のアッバ讃句によって、同じような転換の一歩を促されたのだと思います。

みずから詠いたいこと、訴えたいことこそ第一ではないか、その表現形式が何とよばれようと二の次ではないか、そう井上神父に叱られたように感じました。その後私は現代俳句協会をはじめ、既成の俳壇を離れ、俳句を祈りとして捉える「求道俳句」に専念していくことになります。

○日本人の讃美歌

私はまた『俳句でキリスト教』の「あとがき」で、「これらの句の根底にある精神」

――「イエスとともに『アッバ』と親しく呼びかけて、神にすべてを委ねる」＝「南無アッバ」に、「今後の日本におけるキリスト教の可能性を垣間見る思いがする」と述べました。その一年後に井上神父は、『南無の心に生きる』を振り返り、「南無アッバ」が「脱世間のときと在世間のときとを一つに織り交ぜることができるのではないか」と訴えたかったのだと告白しています。

このとき私は、日本のキリスト教にとって「南無アッバ」は具体的に、「脱世間のとき」と「在世間のとき」とを無理なく融合する祈りであるということを学んだのです。それまで「可能性」としておぼろに見えていたものが、はっきりと示されたように思いました。

現代に生きる私たちには、民衆から離れて一人山で祈られていたイエスに象徴され、長い修道院の歴史に代表されるような脱世間を縦糸にしつつ、民衆と痛みや哀しみをともにしたイエスにならう在世間を横糸にして、それらを織りなす「在世間的求道性」として、「南無アッバ」をとなえることがすすめられているのです。

〈それで私は、在世間に生きる役割を与えられた私たちには、「アッバ　アッバ南無アッバ」という献祷こそが、この縦糸と横糸とを一つに織りなしていく在世間的求道性だと申し上げたいのです。〉（選集5、一〇六頁）

旧約時代からユダヤ人たちが唱えていた「シェマの祈り」（申命記）や「シェモネ・エスレ」（十八祈祷）。それらより短い、新約のイエスが弟子たちに教えた「主の祈り」。それよりさらに短い、現代の井上神父が伝える「南無アッバ」の祈り。そしてこの「南無アッバ」が、俳句形式を借りながら、心に浮かぶ日常のさまざまな情景――「在世間の日常生活のいとなみ」のなかにとけこんで「アッバ讃句」を生み出したのです。これこそ「在世間的求道性」を具体的に示す文学形式といえましょう。

以上みてきたように、井上神父の詩心は、アッバ、イエス、おみ風さま、そして自然に寄り添われながら、渡仏前の「願い」（『風の薫り』巻頭詩、一九五〇年作）から長い空白期間の後、第一、第二、第三期を経て、詩から「南無アッバ」の祈りへ、さらに「アッバ讃句」という、日本人の讃美歌を生み出していったのです。

○南無アッバ「に」ゆだねる

もう一点、今回原稿を書くために井上神父からいただいた先の手紙を読み返していて、新たに気がついたことがあります。それは文面の中ほどに私が傍線を引いた箇所――「……何となく、それらしきもので、南無の心に生きることを……」の「に」の所に傍点（白丸。）が打ってあったということです。

そこであらためて『南無の心に生きる』の方も確認してみると、ゲラ刷りにも先のアッバ讃句の前、つまり「あとがき」の末尾に、次のように書いてありました。

〈現在の私は、南無アッバという祈りで私を生きるのではなく、南無アッバという祈りに私の生をゆだねていきたいものだと願っています。〉（選集9、一五四頁、傍点原文、傍線平田）

前者の「……祈りで」ではあくまで生きる「私」が中心となり、「南無アッバ」が私の自我を実現するための手段になってしまいます。そうではなく、この「祈りに」私の生をゆだねる――まさにあちらが主になり、こちらが従となる生き方をこそ井上神父はめざそうとしたのです。

先に「宗教の智」について触れましたが、井上神父は「人生で一番大切なこと」と題して、次のように述べています。

〈私たちは、健康にしろ財産にしろ友情にしろ家庭にしろ……価値のある大切なものを失って色あせてしまったときに、その色あせ挫折してしまった自分を受け入れることができる心というもの、それが考えてみれば人生で一番大切なことではないかと思ったのです。〉（選集6、一二三頁）

これは一九八四年の講演での発言ですが、限界状況の中で自分を受け入れる心が最も大切である、という考え方は本書第六章で述べた、晩年の「人生マラソン」という発想にも通じます。そしてこの「受容・安堵のやすらぎ」は、祈りの中で、自分の願い、自分のご利益のために神を求める「主我的段階」から、あちらが主になりこちらが従になる「無我的段階」（逆主体的段階）への転換によって得られるというのです。

ああそうか、だからこの本のタイトルが『南無の心に生きる』なのだな、と合点すると同時に、当時はとくに気にもとめなかったのですが、今になってこの「に」がとても大切なことのように思えてきました。この「に」という所にこそ井上神父の思い入れがあるのだ、と知ったのです。

そしてさらに、はっとしました。私たちは井上神父に「南無アッバ」の祈りを教えてもらいました。それ以来、私はどうしたら南無アッバ「を」生きることができるだろうか、とずっと考えてきました。それが証拠に、私が続けているブログのタイトルは、ずばり『「南無アッバ」を生きる』です。

南無アッバ「に」ではなく、南無アッバ「を」――言葉にすればたった一文字のちがいですが、実際に生きようとするとき、そこには大きな違いがあることに気がついたのです。「南無アッバを生きる」といえば、「南無アッバ」が「生きる」ことの目的となります。あたかも「南無アッバ」という境地があちらにあって、そこに向って邁進していく、という意識です。

ご存じの通り「南無」は「おまかせ」です。にもかかわらず、私は「南無アッバ」を求めて頑張ろうとしていたのではないか。これは自己矛盾です。おまかせしようと頑張れば頑張るほど、おまかせの境地、南無の心から離れてしまうわけです。これでは、南無アッバ「で」生きようとするのと同じように、自己中心になる危険性があります。そういう努力をずっとしてきたのではないだろうか。井上神父の手紙の「に」に付された傍点を見て、そう気づかされたのでした。

「南無アッバで」でもなく「南無アッバを」でもない、南無アッバの祈りに苦しみも哀しみも喜びも、私のすべてをゆだねて生きていく――「南無アッバに」生きる！　それは「南無アッバ」の祈りを受け継ごうとする私たち一人ひとりに問われている生き方なのだと思います。

あとがき

井上洋治神父は、日本人の心の琴線に触れるキリスト教を模索する「風の家」運動に生涯を捧げられました。

筆者は二十代半ばに神父に出会い、受洗、師事し、以来四十年井上アッバ神学に学ぶ一カトリック信者です。

縁あって二〇〇一年から、神父が「風の家」設立と共に創刊した機関誌「風《プネウマ》」に、「井上洋治神父の言葉に出会う」と題して、その時々の自分の問題意識に照らして、思う所を書かせて頂くことになりました。当初、数回で終えるつもりの連載が、十回、二十回と続き、気がつくと二十年近くが経過していました。井上神父の言葉には、それほど汲めども尽きぬ深さがあるのです。

この間の原稿を順次、『心の琴線に触れるイエス』（第一部）、『すべてはアッバの御手に』(第二部)、『「南無アッバ」への道』(第三部)としてまとめ、聖母文庫から三冊のシリーズとして出版して頂きました。長年にわたるご厚情を聖母の騎士社に心より感謝申し上げます。

そして昨年、十八年間、四十七回にわたったこの連載を終わることといたしました。それは、本書でも取り上げた、井上神父のいう人生の「折り返し」ということを、私自身が意識する齢となり、ここで一つの区切りをつけようと思ったからです。

いつも私の拙い原稿をていねいに読んでくださった天国の井上神父さま、連載後半、アッバ神学の理解に大きな助力、助言をいただいた青野太潮先生、「風」の山根道公編集長をはじめ「風の家」の仲間たち、そして読者の方々に心よりお礼申し上げます。

右に述べたとおり、本連載は当初からこれほど長くなるものとは思っておらず、ましてや四部作になるなどとは、夢にも思いませんでした。しかし今あらためて各部を振り返ってみますと、おみ風さまのお導きによる一つの流れを、知らず知らず構成しているようにも思えます。誤解を恐れずに告白すると、執筆中一度ならず、どう考えても私をこえた所からのひらめきとしか思えないような何かを実感したことも事実です。

本書は、その最後の第四部（「風」九八～一〇七号）に加筆・訂正し、まとめたものです。内容的には、長年師事してきた井上神父が最後に到達した「南無アッバ」の境地、祈りをめぐって、前三冊以上に私自身の問題意識にそって正直な考察を試みたつもりです。

本シリーズは井上アッバ神学の奥深さの一端をご紹介するものにすぎませんが、この四部作によって少しでも多くのキリスト者、求道者そして日本人が自然体で、ご自身の心の琴線に響くイエスさまのお顔（神観）を求めるきっかけともなれば、著者として幸甚の至りです。

最後に、本書を含めこのシリーズの出版を長らくお引き受けくださった山口雅稔編集長をはじめ、聖母の騎士社のスタッフに重ねてお礼申し上げます。

なお、本書中に引用した聖句は、原則として日本聖書協会発行の『聖書協会共同訳』（二〇一八年）を使用し、適宜他訳を参照いたしました。

二〇二〇年十一月　南無アッバ

平田栄一

《平田栄一（ひらた・えいいち）》

1955年埼玉県生まれ。慶應義塾大学商学部卒。埼玉県立白岡高等学校地歴公民科教諭。カトリック俳人、求道俳句誌「余白の風」主宰。井上洋治神父の「風の家」運動を引き継ぎ、毎月「南無アッバ」の集いと講座を続けている。

1990年層雲新人賞ほか。

〈著書〉『俳句でキリスト教』（サンパウロ）、

『雨音のなかに』、『人の思いをこえて』（ヨルダン社）、

『「南無アッバ」への道』『すべてはアッバの御手に』、

『心の琴線に触れるイエス』（聖母の騎士社）など。

〈ブログ〉「南無アッバ」を生きる

「南無アッバ」に生きる
－井上洋治神父の言葉に出会うⅣ－
平田栄一

2020年12月3日　第1刷発行

発　行　者●竹　内　昭　彦
発　行　所●聖母の騎士社
〒850-0012 長崎市本河内2-2-1
TEL 095-824-2080/FAX 095-823-5340
E-mail: info@seibonokishi-sha.or.jp
http://www.seibonokishi-sha.or.jp/

校正・組版●聖母の騎士社
印刷・製本●大日本法令印刷株式会社
Printed in Japan

ISBN978-4-88216-381-7　C0116

聖母文庫

シリル・ジョン＝著
日本カトリック聖霊による刷新全国委員会＝監訳
聖霊に駆り立てられて
国際カトリック・カリスマ刷新奉仕会評議会のメンバーであり、最も影響力のあるシリル・ジョン神父が、カリスマ刷新の重要性を力強く解説した一冊。

価格６００円（税別）

カトリック鶴崎教会学校＝編
親と子の信仰宣言
「初聖体」「旧約聖書」「新約聖書」に続く親と子シリーズの第４弾！公教要理のようなスタイルで、カトリック信仰を親子で学びましょう。

価格６００円（税別）

トマス・マートン＝著
マリア・ルイサ・ロペス＝監修　塩野崎佳子＝訳
聖書を読む
神の言葉とは何か。聖書とは一体どのような本なのか…その問いに迫るトラピスト会司祭マートンの、成熟した神学とユーモアに触れられる一冊。

価格５００円（税別）

小崎登明
長崎のコルベ神父
コルベ神父の長崎滞在時代を数々のエピソードで綴る聖母の騎士物語。（初版復刻版）
価格８００円（税別）

木村　晟
神への讃歌
ヴォーリズと満喜子の祈りと実践の記
W・メレル・ヴォーリズが紡いだ讃歌の言葉から浮かび上がる篤い信仰を見つめながら、宣教・教育活動を振りかえる。
価格８００円（税別）

聖母文庫

私のキリシタン史
人と物との出会いを通して
安部明郎

人間には、そのために死んでもいいというような向があるときにこそ、喜んで生きることができる。キリシタンたちに、それがあったのだ。（ペトロ・ネメシェギ）　価格８００円（税別）

教皇訪日物語
水浦征男

第１章「教皇訪日物語」
第２章「そごう百貨店の大ヴァチカン展」
他を収録。

価格５００円（税別）

キリスト教 小噺・ジョーク集
場﨑　洋

この書で紹介するものは実際に宣教師から聞いたジョークを集めて綴ったものですが、それ以外にも日本で生まれたジョークや笑い話、小噺を載せてみました。

価格６００円（税別）

イエスのたとえ話
私たちへの問いかけ
場﨑　洋

歴史的事例や人物、詩などを取り上げながら私たちが生きている現代社会へ問い掛けているイエスのメッセージに耳を傾けていきたいと思います。

価格８００円（税別）

ルイス・デ・アルメイダ
森本　繁

本書は、アルメイダの苦難に満ちた医療と伝道のあとを辿り、ルイス・フロイスとの友情や、さまざまな人たちとの人間的な交流を綴ったものである。

価格６００円（税別）

聖母文庫

ホセ・ヨンパルト
「笑う」と「考える」・「考える」と「笑う」
人間は笑うだけでは幸せになれませんが、考えることによって幸せになることができます。

価格500円(税別)

ルイス・カンガス
イエス伝
イエスよ、あなたはだれですか
男も女も彼のために、全てをささげ命さえ捧げました。この不思議なイエス・キリストとはどのような方でしょうか。
価格1000円(税別)

ミゲル・スアレス
キリスト者であることの喜び
現代教会についての識別と証しの書
第二バチカン公会議に従って刷新された教会からもたらされる喜びに出会いましょう。
価格800円(税別)

水浦征男
この人
月刊「聖母の騎士」に掲載されたコラム(「スポット・ライト」、「この人」)より1970年代から1980年代にかけて掲載された人物を紹介する。

価格800円(税別)

木村 晟
すべては主の御手に委ねて
ヴォーリズと満喜子の信仰と自由
キリスト者達は皆、真理を実践して真の自由を手にしている。近江兄弟社学園の創設者ヴォーリズと妻満喜子も、平和を愛する信仰の勇者なのであった。
価格1000円(税別)

聖母文庫

森本　繁

南蛮キリシタン女医 明石レジーナ

江戸時代初期に南蛮医学に情熱を燃やし、外科治療に献身した女性が存在した。実証歴史作家が描くレジーナ明石亜矢の物語。

価格８００円（税別）

伊従信子＝編著

わたしは神をみたい　いのりの道をゆく

マリー＝ユジェーヌ神父とともに

マリー＝ユジェーヌ神父は、神が、多くの人々を神との一致にまで導くように、自分を召されたことを自覚していました。

価格６００円（税別）

高橋テレサ＝編著　鈴木宣明＝監修

アビラの聖女テレサと家族

離れがたい結びつきは夫婦・血縁に限ったことではない。縁あって交わることのできた一人一人との絆が大切なのである。それを私は家族と呼びたい。

価格５００円（税別）

レジーヌ・ペルヌー＝著　門脇輝夫＝訳

現代に響く声 ビンゲンのヒルデガルト

12世紀の預言者修道女

音楽、医学他多様な才能に恵まれたヒルデガルト。本書は、読者が著者と同じく彼女に惹かれ、親しみを持てるような研究に取り組むものである。

価格８００円（税別）

﨑濵宏美

石蕗の詩（つわぶきのうた）

叙階25周年を迎えた著者は、長崎県五島生まれ。著者が係わりを持った方々への感謝を込め、故郷から現在に至る体験をエッセイや詩で綴る。

価格５００円（税別）

聖母文庫

ボグスワフ・ノヴァク
真の愛への道
人間の癒しの源であるキリストの受難と復活

名古屋・南山教会主任を務める神言会のポーランド人司祭が著した愛についての考察。愛をまっとうされたイエスの姿から、人間の愛し方を問う。　価格500円（税別）

水浦久之
愛の騎士道

長崎で上演されたコルベ神父物語をはじめ、大浦天主堂での奇跡的出会いを描いたシナリオが甦る。在世フランシスコ会の機関誌に寄せたエッセイも収録。　価格600円（税別）

水浦征男
教皇ヨハネ・パウロ物語
「聖母の騎士」誌22記事再録

教皇ヨハネ・パウロ一世は、あっという間に姿を消されたため、その印象は一般にあまり残っていない。わずかな思い出を、本書の記事で辿っていただければ幸いである。　価格500円（税別）

ジョン・A・シュグ＝著　甲斐睦興＝訳　木鎌安雄＝監訳
ピオ神父の生涯

2002年に聖人の位にあげられたカプチン会司祭ピオ神父は、主イエスの傷と同じ五つの聖痕を持っていた。神秘に満ちた生涯を文庫サイズで紹介。　価格800円（税別）

ハビエル・ガラルダ
こころのティースプーン（上）
ガラルダ神父の教話集

東京・雙葉学園の保護者に向けてガラルダ神父がされた講話をまとめました。心の底に沈んでいる「よいもの」をかき回して、生き方に溢れ出しましょう。　価格500円（税別）

聖母文庫

ハビエル・ガラルダ
こころのティースプーン（下）
ガラルダ神父の教話集

イエズス会司祭ガラルダ神父が雙葉学園の保護者に向けて語られた講演録第二弾。心の底に沈んでいる「よいもの」をかき回して、喜びに満ちた生活へ。

価格500円（税別）

田端美恵子
八十路の春

八十路を歩む一老女が、人生の峠に立って永久に広がる光の世界を見つめ、多くの人が神の愛に目覚めてくれることを願いつつ、祈りを尽くして綴った随想。

価格500円（税別）

駿河勝己
がらしやの里

日々の信仰を大切にし、御旨のうちに生きる御恵みを祈り、ガラシャの歩まれた永遠の生命への道を訪ねながら…。

価格500円（税別）

ムンシ ロジェ ヴァンジラ
村上茂の生涯
カトリックへ復帰した外海・黒崎かくれキリシタンの指導者

彼の生涯の一面を具体的に描写することが私の意図であり、私は彼に敬意を払い、また彼の魂の遍歴も私たち自身を照らすことができるように思います。

価格500円（税別）

平田栄一
「南無アッバ」への道
井上洋治神父の言葉に出会うIII

毎日事あるごとに「南無アッバ、南無アッバ」と、神父様のあの最後の実践にならって、唱えることかもしれません。

価格800円（税別）

聖母文庫

セルギウス・ペシェク

コルベ神父さまの思い出

コルベ神父様はおっしゃいました。「子供よ……どうぞ私の代わりに日本に残って下さい。そして多くの霊魂を救うためにあなたの生涯を捧げてください」。　価格500円(税別)

クラウス・リーゼンフーバー

知解を求める信仰

現代キリスト教入門

人間の在り方を問い直すことから出発し、信仰において受け入れた真理を理性によって解明し、より深い自己理解を呼び覚まします。　価格500円(税別)

ヨハネス・ラウレス＝著　溝部脩＝監修　やなぎやけいこ＝現代語訳

高山右近の生涯

日本初期キリスト教史

溝部脩司教様が30余年かけて完成させた右近の列聖申請書。この底本となった「高山右近の生涯―日本初期キリスト教史―」を現代語訳版で発刊。　価格1000円(税別)

伊従信子＝編・訳

十字架の聖ヨハネの　ひかりの道をゆく

福者マリー＝ユジェーヌ神父に導かれて

マリー＝ユジェーヌ神父が十字架の聖ヨハネを生き、体験し、確認した教えなのです。ですから、十六世紀の十字架の聖ヨハネの教えは現代の人々にも十分適応されます。　価格500円(税別)

﨑濵宏美

風花の丘 (かざばなのおか)

春が訪れ夏が近づく頃まで、十字架の上でさらされた26人でありましたが、彼らの魂は……白く光る雪よりさらに美しく輝いて天の故郷へ帰っていったのであります。　価格500円(税別)

聖母文庫

水浦征男
教会だより
カトリック仁川教会報に綴った8年間

ここに収めた「教会だより」は兵庫県西宮市のカトリック仁川教会報「タウ」の巻頭に2009年4月から2017年3月まで掲載されたエッセイです。価格600円(税別)

フランシスコ・ハビエル・サンチョ・フェルミン＝著　西宮カルメル会＝訳
地上の天国
三位一体のエリザベットの秘密

私たちの信仰が本物であり、役に立ち、生きていると感じられるように、エリザベットのメッセージが信仰を活性化する助けとなるように願っています。価格500円(税別)

田端美恵子
母であるわたしがここに居るではありませんか

様々な思い出に彩られて歩んできた現世の旅路は、すべて恵みであり感謝に変わっています。…八十路を超えた著者が綴る、愛に生きることの幸せを噛み締めるエッセイ。価格500円(税別)

福田八郎
信仰の耕作地
有馬キリシタン王国記

世界文化遺産『長崎と天草地方の潜伏キリシタン関連遺産』の構成資産である「原城」「日野江城」跡残る島原半島・有馬の地は、セミナリヨが置かれた地であり殉教の地である。価格1000円(税別)

フランシスコ・ハビエル・サンチョ・フェルミン＝著　伊達カルメル会＝訳
イエスの聖テレサと共に祈る

祈りの普遍の師であるイエスの聖テレサの遺産が、深い精神的根源に力を与え、豊かにするための助けとなり得ると確信します。(著者より)　価格500円(税別)